浙江文化艺术发展基金资助项目

PROJECTS SUPPORTED BY ZHEJIANG CULTURE AND ARTS DEVELOPMENT FUND

腾鳌拓海

平阳文化基因

浙江文化基因丛书

吴越◎主编

缪存烈 赵丹◎编著

杭州出版社

图书在版编目（CIP）数据
腾鳌拓海 ：平阳文化基因 / 缪存烈，赵丹编著.
杭州 ：杭州出版社，2025. 1. --（浙江文化基因丛书 / 吴越主编）. -- ISBN 978-7-5565-2732-8
Ⅰ. G127.554
中国国家版本馆 CIP 数据核字第 2024VZ3009 号

TENGAO TUOHAI——PINGYANG WENHUA JIYIN

腾鳌拓海——平阳文化基因

缪存烈　赵丹　编著

策　　划　屈　皓
责任编辑　王妍丹
责任校对　陈铭杰
装帧设计　魏君妮　卢晓明　王立超
美术编辑　王立超
责任印务　王立超
出版发行　杭州出版社（杭州市西湖文化广场 32 号 6 楼）
电话：0571-87997719　邮政编码：310014
网址：www.hzcbs.com
排　　版　杭州立飞图文制作有限公司
印　　刷　天津画中画印刷有限公司
经　　销　新华书店
开　　本　710mm × 1000mm　1/16
印　　张　19.25
拉　　页　1
字　　数　304 千字
版 印 次　2025 年 1 月第 1 版　2025 年 1 月第 1 次印刷
书　　号　ISBN 978-7-5565-2732-8
定　　价　68.00 元

“浙江文化基因丛书”编委会

“浙江文化基因丛书”序

习近平总书记指出：“支撑5000多年中华文明延绵至今的，是植根于中华民族血脉深处的文化基因。”[1]浙江是中华文明的重要发源地之一，文化底蕴深厚，文化名人辈出。一叶红船从嘉兴南湖驶出，在时代浪潮中驭势而行；沿“唐诗之路”踏歌而行，千古诗篇回响在山水之间；还有良渚文化、宋韵文化、上山文化、黄帝文化、南孔文化、和合文化、阳明文化、丝瓷茶文化、古越文化、吴越文化……这些文化基因，共同铸就了浙江的“根”和“魂”。

2024年3月6日，浙江省文化广电和旅游厅印发《浙江省文化基因激活工程实施方案（2024—2026年）》，这是继2020年浙江省文化和旅游厅印发的《浙江省“文化基因解码工程”实施方案（试行）》《浙江省“文化基因解码工程”工作导则》和2021年8月浙江省文化和旅游厅印发的《建设文化标识推进文旅融合行动计划（2021—2025年）（试行）》之后，为更好担负起新时代新的文化使命，深入贯彻省委十五届四次全会部署，在全省实施的又一项文化基因重大工程。

---

① 习近平：《携手建设更加美好的世界》（2017年12月1日），人民出版社，2017年，第3页。

文化基因解码工程，是文化基因激活工程的坚实基础。文化基因，顾名思义，是指从文化形态切入，厘清其历史渊源、发展脉络、基本走向，从物质、精神、制度要素，语言和象征符号等进行分析、解码所提取的关键知识内核。文化基因解码，围绕中华优秀传统文化、革命文化和社会主义先进文化，按照3个主类、20多个亚类、约100个基本类型分别归档，确保历史年代、地理位置、流布范围等数据均记录在册，挖掘、研究、阐释优质“文化基因”，对全省文化资源进行全面梳理。这是一项集“查、解、评、用”于一体的综合性系统工程。全省开展90个县市区的文化基因解码任务，包括文化元素调查、文化基因解码评价、《文化基因解码报告》撰写、证据资料汇总保存建档等，并在此基础上建成“浙江文化基因库”。文化基因解码，起于“查”，终于“用”。“查”就是铺开“一张网”，广泛收集区域内的文化资源，作为“解”的对象。“解”重在找准四大要素，提取一组基因。四大要素是指物质要素（如原料、工具、环境等）、精神要素（如思想观念、群体性格等）、制度要素（如乡规民约、族规家规、礼节礼仪、表演技艺、创作技法等）、语言和象征符号（如方言、图形、标志、表情、动作、声音等）。通过对四大要素的分解梳理，遴选重点文化元素作为解码对象，从中提取出关键性的知识（技术）点。然后通过对选择的文化基因解码，从生命力、凝聚力、影响力、发展力四个维度进行质量评价。最终用基因塑造IP，以文旅IP开发作品、设计产品，以作品、产品点亮城市生活、赋能乡村振兴。浙江以文化基因为根、文旅融合IP为脉，打造了一条以城带乡、城乡互促的发展闭环，推动文化资源的“活化”利用，把解码成果与提高人民群众生活品质相结合，这就是“用”。以人文之美推动精神之富足，增强浙江高质量发展建设共同富裕示范区的文化自觉。

显然，文化基因是传承和创新的基石。文化基因作为一个社会文化系统的逻辑起点，是一个社会存在和进化、变革和发展的决定力量。文化基因解码就是要把社会文化系统中所表现出来的文化形态、思维方式、行动模式、礼仪符号、风俗习惯等加以还原，揭示其本初原因和底层逻辑。改革开放四十余年来，浙江出现了令人瞩目的“浙江现象”，表现为快速的经济增长、蓬勃的发展活力、和谐的社会环境、显著的民生绩效。“浙江现象”源于浙江精神和浙江的文化基因。正确界定、充分挖掘浙江文化的内涵价值，解码浙江的文化基因，对于构建起有效支撑文化建设和旅游发展的“四梁八柱”，推动文化建设和旅游发展各项指标持续名列全国前茅，着力建设新时代文化高地、中国最佳旅游目的地、全国文化和旅游融合发展样板地具有重要而深远的意义。

如何寻找突破口？各地在选“码”、解“码”、用“码”的整个闭环中，成立解码专项小组，构建“乡土专家＋高校资源＋系统人才”三方协作机制，高效推进解码工程。首批编辑出版的“浙江文化基因丛书”中汇集的富阳、南浔、南湖、绍兴、瑞安、平阳、苍南、普陀、岱山、嵊泗、定海、临海、南孔圣地、开化、常山、金华（经开区）、遂昌、云和、景宁、宁波江北等地的研究成果，正是在归纳总结、科学分析浙江文化基因的基础上，探索文化基因解码的方法和路径，同时从人类学、社会学的角度，运用现象学原理，在哲学层面进行解构、剖析，既有理论深度，又能方便应用。丛书勾勒出各地推进文化基因解码工程的概貌。成果本身的内容、方法、转化等，对各地都有很强的示范作用和借鉴意义。

可以说，“浙江文化基因丛书”中的成果，以浙江文化高质量发展为目标，以融合发展为重点，紧扣激活优秀文化基因，以文化基因的挖掘利用赋能文化事业和文旅产业发展，为我省文旅发展再上新台阶、为文化浙江建设贡献了力量。

叶志良

2024 年秋于杭州

目　录

前　言

“地灵人杰我平阳，鳌水雁山鱼米乡。”平阳地处浙江东南沿海，素有“东南小邹鲁”之美誉，自晋武帝太康四年（283）建县以来已有一千七百多年历史。

南雁荡山水奇秀、冠绝东南。会文书院、平阳学宫开浙南文教之先。自宋元以来，理学大家陈经邦、陈经正兄弟，近现代教育先驱刘绍宽、革命志士黄溯初、爱国棋王谢侠逊、数学泰斗苏步青，百代英杰，举世瞩目。在烽烟四起、民族危亡的年代，红军挺进师在平阳卫国抗战，闽浙边抗日救亡学校培养了大量人才。中共浙江省第一次代表大会顺利落幕，使平阳成为浙江东南沿海红色文化高地。千百年间，坚毅果敢的平阳儿女才俊辈出、能文善武，孕育出木偶戏、南拳、和剧、漆器、鼓词等绚丽多彩的平阳文化，展现了平阳文化的深度和张力。

2020年以来，平阳县全面开展文化资源调查，通过全面调研、挖掘、记录，共梳理出文化元素283个，涉及3个主类、22个亚类、67个基本类型，覆盖了中华优秀传统文化、革命文化、社会主义先进文化各个类型，基本描绘出古城平阳的文化脉络和精神谱系。

今后，平阳县着重于激活优秀文化基因，致力于文化基因的创造性转化、创新性发展。结合本县实际，转化思路，围绕“五九批示”精神、苏步青、中共浙江省第一次代表大会会址、棋王谢侠逊、平阳木偶戏等21项重点元素，推进平阳文化基因转化利用。努力实现平阳文化基因在社会各界尤其是青少年群体中的生命传递，激活平阳文化的时代价值。

贯彻文化自信理念，以优秀的文化基因凝聚全县力量，打造浙江南部的新时代文化高地。守好平阳的“红色根脉”，增强平阳的文化力量，构建起守正创新、艰苦奋斗、勇攀高峰的地域文化性格和兼容并包、发展图强的理念，打造平阳社会全面进步的新格局。

新时代需要发挥文化铸魂塑形赋能的强大力量。在习近平文化思想引领下，平阳将切实抓好文化基因激活和文化标识建设工作，建设文旅大县，为高质量建设共同富裕示范区作出新贡献。

平阳县文化基因工作专班

二〇二三年十月

南雁荡山

腾鳌拓海　平阳文化基因

南雁荡山

南雁荡山

南雁荡山国家重点风景名胜区，位于平阳西部山区，景区内儒、道、释三教荟萃，道教景点较多，也较突出。景区峰回路转，岩洞密布，溪壑交错，怒瀑飞奔。于景区内漫步寻幽，犹入桃源仙境，令人流连忘返。

南雁荡山景区最高的山峰是明王峰，海拔 1070 多米。古时峰顶有个仰天湖荡，面积约 3000 平方米，芦苇丛生，结草为荡，终年不涸，秋雁南归常来栖鸣，故称“雁荡”。唐诗人顾况于大历年间在《仙游记》中誉南雁荡为桃花源式的“人间仙境”。《西域书》所说的“诺矩罗居震旦雁荡龙湫耶”均指南雁荡，可与乐清市境内的“北雁荡”相媲美。全国政协副主席、中国佛教协会会长赵朴初曾亲笔题书：“秋色平分南北雁，高风遥接东西林。”

南雁荡山分东西洞、顺溪、畴溪、石城、东屿等五大景区。景区内有溪滩、湖洲、洞寺、洞岩、潭瀑、峰岩、石堑、岭谷、池井、摩崖等多种景观类型，这些景观东起钱仓古镇，西至浙闽交界玉青岩，南至苍南玉苍山，北至文成界首的雁湖，周围五百多华里。

与奇绝的胜景相映衬的是南雁荡山深厚的人文底蕴，以“儒、释、道”三教荟萃为典型特征，即儒家会文书院、佛教观音洞、道教仙姑洞，千年来和谐共处，国内罕见。特别是儒家会文书院，自北宋末年陈氏兄弟创办以来，培养出了不计其数的各类人才，近现代数学家苏步青、学者苏渊雷等著名人物幼年时都曾求学于此。据《南雁荡山志》称：朱熹游南雁时，山门叶群为主人，“熹醉笔标题陈经邦书院曰会文，陈端彦书院曰棣萼世辉楼，叶群书院曰毓秀，朱梦良书院曰聚英”。书院有碑载：“书院始创于北宋，是陈经邦、经正兄弟读书、讲学之所。陈二兄弟为著名理学家程颢、程颐的高足弟子。”陈经邦，平阳县人，北宋徽宗大观三年（1109）以上舍释褐进士。书院大厅中柱对联云：“两雁并灵区，百廿峰中无此坛席；二程传

南雁荡山

法脉，一千年后重与讨论。”“百廿峰”指北雁荡山，而千载后重与讨论，指的是哲学方面的探索——批判与继承。

南雁荡山不但风光秀丽，气候宜人，而且特产相当丰富。如近年发现一处宋代古井，利用其井泉酿造美酒，芬芳可口，驰名全国；蒲潭香鱼秋日旺发，美味可餐；高山名茶，尤为可贵。赏奇景、饮美酒、吃香鱼、品名茶，游人可以大饱眼福口福。

自唐代中期南雁荡山开发以来，当地居民在长期的生产、生活实践中创作了丰富多彩的民间口头文学——南雁荡传说。它结合了山区自然景观与人文历史，以闽南方言为载体，保留了民间语言鲜活、生动、风趣的特点，简洁传神，引人入胜。传说题材多样，广泛涉及当地日常生活、历史人物、历史事件和地方风物，其中最具代表性的是愿齐师徒开发南雁荡山传说、朱氏仙姑修炼成仙传说、陈经邦陈经正兄弟传说、十八进士洞传说、周八公传说、二仙对弈峰传说、金鸡峰和金鸡桥传说等。古来今往，南雁荡山麓始终活跃着一批享有盛誉的民间文学述说者，为南雁荡山传说的繁荣作出了巨大的贡献。

随着南雁荡山风景区建设和交通日益发展，优美的自然风光更为国内外人士津津乐道。南雁荡山独特的人文景观与美好的传说故事，也让研究文史、地理、建筑、宗教、民俗、民间文艺等诸方面人士乐于前往，探寻不休。

一、要素分解

（一）物质要素

1. 雄奇幽秀的自然环境

南雁荡山峰峦起伏，连绵不绝，海拔在 500 米以上，主峰白云山高达 1171 米。在亿万年前地壳的新构造运动中，雁荡山西、北、南部形成了地势高峻、穿连逶迤的山峰和瀑布急滩众多的河谷，中部和东部则发育成冲积堆和山前倾斜平原，形成了“奇峰削壁耸立、沟壑溪谷交错、岩穴洞府奇幻、山形地貌迥异”的自然景观。

2. 数量极多、风景独特的山洞

玉屏峰

“北雁好峰，南雁好洞。”南雁荡山以洞闻名。目前，直接以洞命名的景点，除了东洞、西洞，还有观音洞、连环洞、夜明洞等。其他景点，如开于天半的石天窗、移步换形的东南屏障、雄伟壮观的云关，与洞也有着无法割舍的关系。最为典型的山洞景点为东洞、观音洞、西洞。

东洞，洞高 10 米，宽 56 米，深 100 余米。洞口丹崖翠壁，巍然挺立，人称“五色屏风”，亦称“石天门”。在东北洞壁上方，有一笔直如柱、高 40 多米的华表峰。下面有一石梁横空，呈半圆形门，酷似古牌楼，上刻“东天门”，入内便是“会文书院”。

观音洞，洞高 21 米，宽 45 米，有古刹依洞而建，别具风格。四周峰峦叠翠，怪石嶙峋，有普陀峰、蝙蝠峰、卓笔峰等景点。右侧“一线天”由大悬崖凌空夹峙而成，高百余米，中间空隙狭小，登 160 级石阶方可抵达绝顶。

西洞，又称“仙姑洞”。相传南宋时，闹村朱氏，名婵媛，16 岁时出家为道姑，遁居此石洞“辟谷二十年”，常采药为人治病，下药立愈，后不知去向，人们在洞口建道院以纪念。洞高 18 米，宽 44 米，深 29 米，建有七间三层楼阁，屋宇大部与洞连接。洞内有十八进士洞、连环洞等。洞外有珍珠泉、石斧岩、玉液池、怡心院、三台道院、朝天鲤等景点。在洞前眺望，十二峰错落有致，各以其形赋名：蝙蝠峰、文笔峰、玉女峰、老人峰、三台峰、会仙峰等。

东西洞景区一隅

（二）精神要素

卓越的创造力和想象力

南雁荡山传说是当地居民在长期的生产、生活实践中创造出来的民间口头文学，它以闽南方言讲述，依附于历史人物、历史事件和地方风物，具有显著的地域原生性。它体现了当地民众的创造能力和聪明才智，它通过偶然、巧合、夸张、超人间的情节来引导故事线发展，使真实情景和奇情异事达到有机统一，既富于生活气息，又离奇动人。

（三）制度要素

儒释道三教荟萃地

五代时期高僧原齐“杖锡寻访，结茅其间”，吴越王钱氏建普照道场，北宋时建会文阁，南宋时期朱熹来此讲学，他们都给南雁荡山留下了宝贵的历史遗产。仅就古建筑而言，有13古刹、18庵、12院、3亭8堂、2洞2楼、1庙1坛，其中宋代儒教会文书院、仙姑洞道观和唐代的观音洞寺院荟萃于一地。

（四）语言与象征符号

1. 明王峰

明王峰景区

明王峰是南雁荡山主峰，也是南雁荡的象征。明王峰在石城上，俗名大尖，峰高1077.7米，拔地而起，骇突群山，是南雁荡山最高峰。明王是佛教名词，山峰以明王著名者，仅见平阳南雁荡山，其名至迟唐代已有。唐末吴畦曾赋七律《登明王峰》咏之："明王巀嶪与天齐，势压诸峰不可梯。霁雨孤钟云外度，叫霜群雁月中栖。仰观碧落星辰近，俯视红尘世界低。七尺灵光双蜡屐，石门金鼎谩留题。"

2. 画眉峰

在顺溪镇西1.3公里，俗称画眉尖，海拔807.7米。整座山为一个等腰三角形，又似卓笔。清人孙锵鸣在《溪行望画眉尖》诗序中说："顺溪西有峰，极高，如卓笔。土人谓初三四夜月生时，适当其尖，故呼为画眉尖。"

3. 银屏峰

银屏峰景区

在南雁镇西的后仓村（小龙里）。峰呈柱体，浑重庄严，峰顶有苍岩削壁如屏风，俗称炊桶山。峰壁是浅黄色的凝灰岩斑痕，每当阳光照射，泛出闪闪银光，故名。上有元人摩崖，曰小龙岭。下有建于后晋的惠安寺遗址和几处洞穴。苏伯衡《萧寿传》载：唐末已盛名，称为奇绝。明洪武十四年（1381），千户马俊、校尉萧寿驻军小龙里银屏峰，以镇压叶丁香、吴达三起义军。《苏平仲集·萧寿传》："驻小龙银屏寨，以扼万松林。"

二、核心基因提取与评价

基于对材料的全面、深入分析，得出本文化元素的核心基因表述为：“雄奇幽秀的自然环境”“儒释道三教荟萃地”“卓越的创造力和想象力”。

南雁荡山核心文化基因评价依据

评价项目	评价因子	评价依据（特点）	是否
生命力评价	文化基因存续的时间	自出现起延续至今，未曾明显中断	√
		自出现起延续至今，但多次衰微、中断后复兴	
		曾明显衰败，改革开放后开始复兴或历史溯源关键环节缺失，难以考证	
		文化形态主体已灭失，现存部分痕迹	
	文化基因的稳定性	在发展过程中保持相当稳定的状态	√
		在发展过程中存在明显的精神内涵、表现形式剧变	
凝聚力评价	文化基因的凝聚力及社会动员效果	曾广泛凝聚起区域群体的力量，显著推动过社会经济文化的发展	√
		曾部分凝聚起区域群体力量，对社会经济文化的发展产生过影响	
		凝聚过力量，创造过实际的发展动能，但未见对社会经济文化发展产生显著改变	
		仅在历史文献或口耳相传中存在，未见实际介入社会经济发展	

续表

评价项目	评价因子	评价依据（特点）	是否
影响力评价	辐射的范围	具有全国性、世界性的影响力	
		具有长三角区域、浙江省影响力	
		具有市县、乡镇影响力	√
	提炼的高度	已经被古代文人士大夫和当代学者提炼为精神符号和理念理论	√
		单纯的样式、造型、工艺技术规范	
发展力评价	与当代精神追求和价值观念的契合	传统文化基因得到创造性转化、创新性发展；区域革命文化基因被完整继承、广泛弘扬；区域社会主义先进文化基因成为与浙江“三个地”相适应的文化高地	
		部分转化、部分弘扬、部分发展	√
		难以转化、难以弘扬、难以发展	
说明：基因特点评价是对解码出来的基因，根据本《导则》表2的要求，围绕“四个力”逐一对表打“√”，进行定性表述			

（一）生命力评价

南雁荡山自唐代中期开发以来，一直保持着“雄奇幽秀的自然环境”，而儒释道荟萃的人文底蕴起源于北宋时期，一直传承至今，形成60余处遗址，与此同时，“卓越的创造力和想象力”作为南雁传说的核心基因，随着南雁传说的发展而兴盛。因此，三大核心基因“雄奇幽秀的自然环境”“儒释道三教荟萃地”“卓越的创造力和想象力”自出现起延续至今，并保持了相当稳定的状态。

（二）凝聚力评价

南雁荡山是古代温州地区的文化高地。从五代时期愿齐高僧至此结庐，到北宋建会文阁、南宋朱熹讲学，南雁荡成为温州地区儒学、道教、佛教传播的文化中心。因此，作为推动南雁荡山发展的三大核心基因“雄奇幽秀的自然环境”“儒释道三教荟萃地”“卓越的创造力和想象力”曾经广泛地凝聚起当地群体的力量，显著推动了文化的发展。

（三）影响力评价

作为温州地区的文化高地，南雁荡在县市范围内具有较强的影响力，它极力推动了儒学、道教、佛教的传播，作为南雁荡的核心基因——“雄奇幽秀的自然环境”“儒释道三教荟萃地”“卓越的创造力和想象力”亦具同样的影响力。自古以来，“雄奇幽秀的自然环境”吸引了周边地区的文人骚客前来探访和游览，为当地文化的兴盛提供了前提条件。“儒释道三教荟萃”既是独特自然环境产生的成果，也是雁荡山文化事业蓬勃发展的主要动力。“卓越的创造力和想象力”则体现了当地民间口头文学的兴起，这些传说在温州地区都具备一定的影响力。

（四）发展力评价

1949 年后，南雁荡山受到政府和人民的重视，成为与北雁荡、中雁荡齐名的国家级风景名胜区，是我国 AAAA 级景区之一，凭借着得天独厚的自然人文景观，具有极大的发展潜力。“雄奇幽秀的自然环境”“儒释道三教荟萃地”“卓越的创造力和想象力”作为核心基因，分别代表着优越的自然环境、人文环境以及民间卓越的智慧，能够有力地推动当地经济、文化的发展，与当代精神和价值观相契合，具有创造性转化、创新性发展的巨大潜力。

三、核心基因保存

“雄奇幽秀的自然环境”“儒释道三教荟萃地”“卓越的创造力和想象力”作为南雁荡山的核心基因，《南雁荡山志与宋诗辑佚》《灵秀南雁别有洞天》《雄奇幽秀南雁》等 6 项文字资料保存于平阳县文化基因解码调查组资料库，另外，出版物和古文古籍有唐代诗人顾况《仙游记》、宋代祝穆《方舆胜览》、《南雁圣传仙姑修行宝卷》、《中国民间文学集成·平阳县故事歌谣谚语卷》、《雁荡山故事精选》、《南雁荡山诗选》、《南雁荡山览胜》、《南雁荡山顺溪诗词选》等。实物资料为明王峰、明王寺、南雁观音洞等景点，保存于浙江省平阳县西部的南雁荡景区内。

棋王谢侠逊

腾鳌拓海　平阳文化基因

棋王谢侠逊

谢侠逊旧照

谢侠逊，1888 年生于浙江平阳腾蛟凤巢，是中国现代象棋开拓者、爱国象棋家、中国国际象棋的先驱。

他自幼学棋，通晓棋理，年少时在温州棋坛崭露头角。1916 年，29 岁的谢侠逊离乡赴沪，先后在《时事新报》《神州日报》等任象棋专栏编辑，刊载象棋棋局。1918 年，他在上海全国象棋比赛中夺冠。1927 年，谢侠逊被全国象棋界推为“棋坛总司令”“中国棋王”。

谢侠逊是我国传统象棋运动的开拓者。中国象棋历史悠久，广受劳动人民喜爱，却长期被视为“贩夫走卒下品”，地位远不如围棋。在上海夺冠扬名后，谢侠逊因势利导，鼓励民间组织棋会、棋队、棋赛，按照县、省、大区、全国的顺序推向全社会，使中国象棋成为一种全国性的益智健体活动。同时，谢侠逊精研棋艺，于1922—1927年期间搜罗古今棋谱，汇编成12册200多万字的《象棋谱大全》一书。该书集中国古今棋谱之大成，辑录了明清古谱和当时名家高手的残局、对局，是中国历史上第一部完整的象棋书。此外，谢侠逊还编写了《象棋谱大全》《新编象棋谱》《南洋象棋专集》《象棋初步》《象棋心得》《象棋指要》等专著，填补了象棋领域的多项空白。

谢侠逊是我国国际象棋的启蒙者。他触类旁通，对国际象棋也有较高造诣，在1929年至1935年间，多次在国际象棋大赛中夺冠，轰动一时。谢侠逊在《象棋谱大全》一书中用了100多页篇幅，向国人介绍国际象棋的全局式样，各种棋子的走法、残局、选粹等基本知识，为我国国际象棋运动发挥了启蒙教育的作用。

谢侠逊关心时局，忧国忧民。1937年卢沟桥事变后，日本发动全面侵华战争。谢侠逊主动请缨，两度奔走南洋，遍访东南亚各国，以弈棋形式向广大侨胞作抗日救亡宣传，募捐劳军济难，动员3000余华侨青年归国投身抗战，为中华民族解放大业作出贡献。因此，他被誉为“古今以来以象棋报国之一人者”，周恩来赞誉他为“爱国象棋家”。

谢侠逊品高艺精，棋诗双馨。他文才俊逸，以诗记史，留下了大量旧体诗词和名联佳对，诗词内容有咏史、忧国、募捐、劳军、庆祝、酬答、记游、览胜，无一不洋溢着强烈的家国情怀。

谢侠逊也是著名的社会活动家。他与国共两党高层人物李宗仁、周恩来皆为至交，与海内外知名人士交谊甚笃，在美国、法国、东南亚等许多国家都深具影响力。抗战期间，他与周恩来重庆对弈，创作了“共纾国难”残局，成为棋坛佳话。

为纪念谢侠逊对中国象棋事业的突出贡献，1995年，腾蛟镇党委政府决定筹建“百岁棋王碑林”。1998年，碑林落成，60余座碑刻荟萃了我国近现代一批名人、伟人的墨迹，书写了谢侠逊爱国爱乡、致力振兴棋艺的光辉一生。

2017年12月20日，位于浙江省平阳县昆阳镇雅山村的谢侠逊棋院也正式落成。棋院以纪念谢侠逊为主题，分设纪念馆和赛馆两部分，总用地面积40多亩，总建筑面积2039平方米。其中，谢侠逊纪念馆由5大展陈单元组成，通过各类珍贵文物和文献档案、历史影像资料，展示棋王驰骋棋坛的传奇人生。棋院内赛馆可用于承办国家级和国际级重要赛事、开展象棋培训，还提供训练、备战、住宿等服务。

谢侠逊棋院

一、要素分解

（一）物质要素

1. 我国第一部完整的象棋书——《象棋谱大全》

《象棋谱大全》是一部集我国古今棋局之大成的巨著，所集棋谱包括《桔中秘》《梅花谱》《适情雅趣》《竹香斋》《烂柯神机》《百变象棋谱》《百局象棋谱》《象戏新谱》《石杨遗局》《乐在其中》《吴兆龙象棋谱》等，总之，囊括了当时已发现的几乎全部明清古谱，继承和弘扬了我国历史上的棋艺遗产，今局有 21 世纪初我国残局创制名家的作品，和驰誉全国棋坛的高手对局。诚如谢侠逊所述，他的《象棋谱大全》是“博采古今，包罗新旧，俾研究者得窥全豹”。

《象棋谱大全》

为了引进国际象棋，加以宣传推广，《象棋谱大全》中还用了100多页篇幅来介绍国际象棋内容，有全局式样、各种棋子着法、残局对局选粹等。尽管主要是启蒙和入门性质，但在我国当时的社会历史条件下，把国际象棋介绍给国人，还是非常需要的。

《象棋谱大全》是我国第一部完整意义上的象棋书，它的问世在我国象棋谱史上具有划时代意义，被誉为“我国象棋史上一大里程碑”，受到国内外中国象棋爱好者盛赞。从1929年到1941年十余年间，中华书局就再版了9次。1985年，谢侠逊已届望百高龄，但为了发展象棋事业，仍然振奋余生，不遗余力，对原书的结构顺序作了调整，对原书内容作了适当删舍，分辑5册，由上海书店影印出版，共发行了20万部，100万册，可见它在我国棋坛影响之深远。

2. 规模宏大的谢侠逊纪念馆

谢侠逊纪念馆位于平阳县昆阳镇雅山村，背倚九凰山，是纪念爱国棋王谢侠逊的专题馆，规划总占地2万多平方米。其中，谢侠逊纪念馆专门用于陈列棋王的有关文物和生平事迹，全面展现他爱国爱乡的生平事迹及其为中国象棋事业作出的杰出贡献，以供后人景仰。

（二）精神要素

1. 执着的开拓精神

谢侠逊在上海夺冠后因势利导，积极组织民间象棋团队、开展民间象棋活动，使中国象棋成为全国性的益智健体活动。在象棋研究领域，谢侠逊付出毕生精力，汇编《象棋谱大全》《新编象棋谱》《南洋象棋专集》《象棋初步》《象棋心得》《象棋指要》等专著，填补了象棋领域的多项空白。民间象棋运动的推广和象棋技艺研究，均体现出谢侠逊执着的开拓精神。

谢侠逊对中外棋艺有国际化的视野和思考。他触类旁通，迅速掌握了国际象棋，在多次赛事中夺冠，随后得以加入万国象棋会。入会后，他不仅向外国棋手推广中国象棋，而且不遗余力地在中国宣传和推广国际象棋。当时上海的国际象棋活动就是在他入会之后逐步发展起来的。同时，国际棋友在他的影响下，也在各自国家推广中国象棋。这样，万国棋会就成了国际象棋和中国象棋互相学习、交流的主要场所。由此可见，是谢侠逊开启了中西象棋文化交流的大门。

2.“象棋报国”的赤子情怀

1937年，卢沟桥事变后，全中国人民进入了全面抗战状态。当时的国民政府打算派五位巡回大使到海外向华侨劝募捐款，他们确定了出使欧美的四位大使，而独缺去南洋的这一路人选。满怀抗日激情的谢侠逊便毛遂自荐，下南洋募捐。他的棋友，时任国民党宣传部长的邵力子知道他是去南洋的不二人选，但又怕南洋沿途瘴气严重，易致人疾病，于是试着问谢侠逊：“南洋大都为殖民地，不比欧美，且癣气如云，暑气如焚，去那里可能有危险，不如另图报效。”谢侠逊坚定地说：“国难当头，何必计较个人得失，若大丈夫报国有门，虽赴汤蹈火，在所不辞。”邵力子见谢侠逊态度坚决，热情不减，便力荐谢侠逊出任下南洋的巡回大使。在谢侠逊整装待发之时，邵力子送来题词：“胜者所用败者之棋，明乎此义，复兴中国何难哉？侠逊先生重游南洋，值抗战严重，书此赠别。”希望谢侠逊充分利用好自己的条件和人力资源，“探虎穴入蛟宫”。谢侠逊深感自己责任重大，也写下出国誓师吟四章，以诗寄志，我们不妨录其第四首体验一下其爱国之真情，诗曰：“生死存亡此难关，男儿报国岂轻还。吟潮涌出千寻浪，剑气嘘成万重山。夸父早追炎日上，武侯曾入不毛间。仁看痛饮黄龙酒，炮马欢声连九嚷。”

谢侠逊第一站来到菲律宾马尼拉，中华青年会为其举行“棋王象棋抗日募捐会”，谢侠逊当场义赛。中华青年会原准备的椅子远远不够，会场左右、后排站满了人，大家情绪高涨，积极响应，募捐大获成功。此时国内传来南京失守、城内30万百姓惨遭日军屠杀的消息。当地侨民义愤填膺，立即组织“全菲华侨抗战救亡大会”，会场人山人海，被围得水泄不通。与会群众情绪激愤，高呼“打倒日本帝国主义”的口号。他们含泪捐款，有不少妇女当场将随身佩戴的戒指、项链、手镯和耳环等贵重首饰献出，捐赠热潮此起彼伏，空前高涨。

1938年初，谢侠逊沿印度尼西亚航道抵爪哇、泗水，又经三宝垄到井里汶、万隆，再到雅加达。同年4月24日，谢侠逊在雅加达篮球场举行了“救济祖国灾民象棋大赛”。当地《天声日报》有载：“事关救济灾民，观众异常踊跃，会场摩肩接踵，座无虚席。”谢侠逊在印度尼西亚短短的两个月中，不仅募得上千万元现金，更激发了广大侨民的一腔爱国热情。

谢侠逊辗转来到新加坡，举行了三天三夜的“赈济祖国伤兵难民赛棋大会”。会上，谢侠逊大声疾呼“望千里贤象英俊，策马当先，为救济祖国千百万伤兵难民而出力”。事后，谢侠逊又马不停蹄来到了马来西亚吉隆坡进行了六天六夜的“慈善赛”。他在马六甲、吉隆坡和槟城等地的体育场，用白粉画出大棋盘，选男女青年各16人分别穿上红黑衣裳，身背车、马、炮字样的贴字，作为“活棋子”。“棋子”们听从号令，攻守进退，跑步行动。观众席上的观者，赫然在目，看得清清楚楚。场面奇特而壮观，当地侨民倾城而出，万人空巷，创下了南洋观中国象棋的空前纪录，也掀起了募捐的阵阵高潮。更可喜的是，许多爱国青年当场报名，回归祖国，投身到抗日救国中去。谢侠逊回国后，深有感触地写下一联“携来南岛三千士；血战河山雨复晴”以自慰。

3.品艺兼修的人生态度

谢侠逊不仅棋艺高超，而且文才俊逸。他以诗记史，留下了大量旧体诗词、骈文和名联佳对，诗词内容有咏史、忧国、募捐、劳军、庆祝、酬答、记游、览胜，无一不洋溢着强烈的家国情怀。

谢侠逊一生诗友至交满天下，从众多题赠和诗词唱和中可见一斑。《酬章行严先生赠诗》为谢侠逊答章士钊所作：“三楚无双士，巴山始识荆。文章干气象，声誉满寰瀛。当局难为语，旁观枉自清。杜门同谢客，吾亦欲逃名。”这首诗清新秀逸，情词并茂，把家国情怀和盘托出。尤其是尾联，真可谓披肝沥胆，长歌当哭，诚属知音之间的肺腑之语。同乡、密友黄溯初因心脏病突发溘然长逝，谢侠逊特制棋局刊载重庆《大公报》缅怀，还赋挽诗三章。其一曰：“抚棺痛哭倍伤神，叔度襟怀有几人？当代名流尊伟识，数编丛纂仰遗珍。情同骨肉师兼友，谊属霞莩主亦宾。一片丹心光日月，荡平丑类屈东瀛。”泣血之句、师友之情、爱国之心，令人不忍卒读。此外，谢侠逊和张治中将军亦是至交，常有诗词往来。1941年寒食节，张治中邀饮，谢侠逊道：“桔中岁月感蹉跎，誓扫虾夷气不磨。身似春蚕偏自缚，心如古井已无波。当场人物尊王佐，旷代经纶望礼罗。难得今年寒食节，一枰酣战旧山河。”

谢侠逊在菲律宾期间，正值南京失守。听到南京城内数十万中国人遭到日寇灭绝人性的屠杀，他与南洋的爱国华侨焦灼难安，情绪激昂，立即组织侨胞们举行“全菲华侨抗战救亡大会”，并巧拟对联高悬主席台两旁：“廿年霸越，三户亡秦，抗战奋前途，莫辜负菲岛潮声、岷山蟾影；汉患匈奴，唐遭突厥，古今同劫局，应急效班超投笔、卜式输财。”他在结束南洋之行后，也写有两联：“千里不堪闻路哭；廿年未肯与心违”“拚将肝胆酬南岛；莫道腥膻秽九畿”。道出了他的坚强内心，也是对南洋之行艰辛的总结。

（三）语言和象征符号

棋诗双才的“棋坛总司令”形象

谢侠逊的骈赋诗联的才华，被他的棋王之名和爱国传奇故事所掩盖。鉴于谢侠逊对中国象棋的贡献和威望，1926年，他被推举为中国棋坛界的“魁首”。棋界人士别出心裁地拟了一篇拥推谢侠逊为“棋坛总司令”的电文，刊载于上海《时事新报》，反响强烈。社会各界名流积极支持，舆论界言论空前活跃。谢侠逊开始认为此举太招摇，恐有负众望，因而再三推辞，后想想这亦是人间戏事而已，于是1928年2月2日在上海《时事新报》上以骈文形式发表通电，宣告就任棋坛总司令：“满天烽火，遍地荆榛。入林无可避之山，乘桴无可浮之海。纹楸半局，无妨作世外逍遥；风雨一枰，亦可消胸中块垒。用集今时英俊，组织斯坛，还期当代高明，参加是会。国籍无分中外，棋艺不论高低。黄、白、棕、红、黑五种人群，悉成平等；亚美、欧、非、澳六洲境界，尽属大同。点将帐前，威尊法重；谈兵纸上，风起云从。依然巩固共和，曾容纳共产人员，排除共管；等是发扬民族，并赞成民生政策，提倡民权。揖让雍容，愿凭兹蜗角河山，欢腾万国；应假此桔中天地，群聚一堂。”

看似是一纸象棋娱乐文字骈文，只有200余字，却将象棋活动延伸到集俊贤、论民族、倡共和、赞民生、保河山等理念，其旨与趣融集在一起，可见他弈棋不忘爱国、兼济天下的豪迈情怀。

骈文一出，以谢侠逊为“总司令”的“象棋总司令部”宣告成立。谢侠逊还仿照当时国民革命北伐军番号，在报纸上委任名棋手周德裕、林弈仙为陆、海军“前敌总指挥”，又委任各省棋坛名将王浩然、关春林、万启有、邓春林、张锦荣、曾展鸿、罗天阳、张观云、杨礼源、钱梦吾等为“军长”“师长”。被委任者也纷纷写了谐趣文字，复申应命赴任，报告就职。一时间，全国各地象棋活动开展十分踊跃，象棋运动掀起一个高潮。

二、核心基因提取与评价

基于对材料的全面、深入分析，得出本文化元素的核心基因表述为："执着的开拓精神""'象棋报国'的赤子情怀""品艺兼修的人生态度"。

棋王谢侠逊核心文化基因评价依据

评价项目	评价因子	评价依据（特点）	是否
生命力评价	文化基因存续的时间	自出现起延续至今，未曾明显中断	√
		自出现起延续至今，但多次衰微、中断后复兴	
		曾明显衰败，改革开放后开始复兴或历史溯源关键环节缺失，难以考证	
		文化形态主体已灭失，现存部分痕迹	
	文化基因的稳定性	在发展过程中保持相当稳定的状态	√
		在发展过程中存在明显的精神内涵、表现形式剧变	
凝聚力评价	文化基因的凝聚力及社会动员效果	曾广泛凝聚起区域群体的力量，显著推动过社会经济文化的发展	√
		曾部分凝聚起区域群体力量，对社会经济文化的发展产生过影响	
		凝聚过力量，创造过实际的发展动能，但未见对社会经济文化发展产生显著改变	
		仅在历史文献或口耳相传中存在，未见实际介入社会经济发展	

续表

评价项目	评价因子	评价依据（特点）	是否
影响力评价	辐射的范围	具有全国性、世界性的影响力	√
		具有长三角区域、浙江省影响力	
		具有市县、乡镇影响力	
	提炼的高度	已经被古代文人士大夫和当代学者提炼为精神符号和理念理论	√
		单纯的样式、造型、工艺技术规范	
发展力评价	与当代精神追求和价值观念的契合	传统文化基因得到创造性转化、创新性发展；区域革命文化基因被完整继承、广泛弘扬；区域社会主义先进文化基因成为与浙江“三个地”相适应的文化高地	
		部分转化、部分弘扬、部分发展	√
		难以转化、难以弘扬、难以发展	
说明：基因特点评价是对解码出来的基因，根据本《导则》表 2 的要求，围绕“四个力”逐一对表打“√”，进行定性表述			

（一）生命力评价

谢侠逊在新版《象棋谱大全》序言中说：“中国象棋有两千多年历史，经过历代改革，定型于北宋末年。”从平阳县境内出土的多块古石棋盘来分析，可以断定宋朝时期平阳腾蛟已经出现象棋活动。千年来，棋风鼎盛，人才辈出，象棋文化深深浸润在历代平阳人的文化根脉中。谢侠逊“执着的开拓精神”“‘象棋报国’的赤子情怀”“品艺兼修的人生态度”的文化基因也传承于每一个平阳象棋爱好者和从业者的身上，保持着相当稳定的状态，未曾中断。

（二）凝聚力评价

谢侠逊凭着“执着的开拓精神”，将象棋推向国内全社会，编写包括《象棋谱大全》在内的一系列象棋图书，使中国象棋成为一种全国性的益智健体活动，填补了象棋领域的多项空白；谢侠逊以“‘象棋报国’的赤子情怀”推动国际象棋和中国象棋棋手互相学习、交流，开启了中西象棋文化交流的大门；谢侠逊怀着“品艺兼修的人生态度”两度奔走南洋诸国，以弈棋形式向广大侨胞作抗日救亡宣传，募捐劳军济难，为中华民族解放大业作出贡献。可见，三大文化基因曾广泛凝聚起区域群体的力量，显著推动过社会经济文化的发展。

（三）影响力评价

“执着的开拓精神”“‘象棋报国’的赤子情怀”“品艺兼修的人生态度”已是重要的精神符号和理念理论。“执着的开拓精神”推动了全国象棋运动的发展和象棋研究的进步，“‘象棋报国’的赤子情怀”打开了中西方象棋文化交流的大门，“品艺兼修的人生态度”凝聚了南洋诸国华夏子孙的力量，为中华民族的解放作出巨大贡献，故三大文化基因具有全国性、世界性的影响力。

（四）发展力评价

执着的开拓精神鼓励民族开拓进取。“象棋报国”的赤子情怀推动民族面向世界交流发展，鼓舞民族心系家国，保卫主权。本文化元素的核心基因与当代精神追求和价值观念契合，具有创造性转化、创新性发展的良好前景。

三、核心基因保存

“执着的开拓精神”“‘象棋报国’的赤子情怀”“品艺兼修的人生态度”作为棋王谢侠逊的核心基因，《谢侠逊与万国象棋会》《谢侠逊及其象棋谱大全》《百岁棋王谢侠逊》等8项文字资料保存于平阳县文化基因解码调查组资料库，另外，出版物和古文古籍有《象棋谱大全》《新编象棋谱》《南洋象棋专集》《象棋初步》《象棋心得》《象棋指要》等。实物资料之谢侠逊纪念馆坐落在平阳县昆阳镇雅山村，中国棋王碑林坐落在全国象棋之乡平阳县腾蛟镇的卧牛山南麓，“共纾国难”棋局位于平阳钱仓小棋盘山。

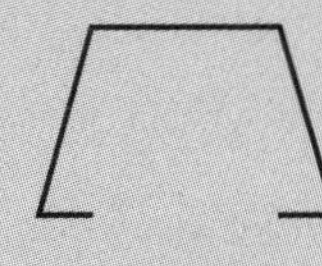

苏步青

腾鳌拓海　平阳文化基因

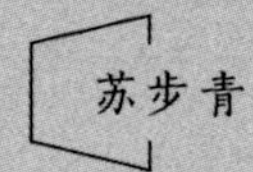
苏步青

苏步青讲学照

苏步青，1902年9月生于浙江省平阳县，1931年在日本东北帝国大学获理学博士学位，同年回国在浙江大学数学系任教，1935年参与发起成立中国数学会，被推为《中国数学会学报》主编。1952年任复旦大学数学系教授，1955年当选为中国科学院学部委员（院士），1960年任中国数学会副理事长，1978年任复旦大学校长，1983年任复旦大学名誉校长、中国数学会名誉理事长，并曾任全国政协副主席、民盟中央副主席与名誉主席等职，2003 年 3 月 17 日在上海逝世，享年 101 岁。

苏步青从事数学科研和教学 70 余载，是蜚声海内外的卓越数学家和教育家，是中国现代数学的一位主要奠基者。他先后在仿射微分几何、射影微分几何、一般空间微分几何及射影共轭网理论等方面作出了杰出的贡献，创建了国际公认的中国微分几何学派；在 70 多岁高龄时，还结合解决船体数学放样的实际课题，创建了计算几何的新研究方向。他的研究成果曾先后获得国家自然科学奖、全国科学大会奖、国家科技进步奖及何梁何利基金科学与技术成就奖等多项奖励。

苏步青将自己的毕生精力无私地奉献给了人民的教育事业，为祖国培养了一大批优秀的数学人才，包括多名中国科学院院士，不愧为一代数学宗师，深受人们的崇敬和爱戴。

为了纪念数学泰斗、教育家苏步青，浙江省平阳县腾蛟镇腾带村建造了苏步青故居。苏步青故居使用了苏家的祖遗木构平房，该平房建于晚清，面阔五开间，20 世纪 40 年代，苏步青兄苏步皋在东首续建两间，尽间为凉亭。平房坐东北朝西南，占地 3500 平方米。西侧古藤缠绕，房前有榕树、枇杷，后院有井，水清如镜，冬暖夏凉，四面围墙，门台偏西，前庭广阔，后院深幽，是典型的浙南村居民舍。

苏步青故居与苏步青像

苏步青故居前庭为大气庄重的门台，门台为木材构建，上面盖着青瓦，它的正上方挂着曾任国家主席的华国锋亲笔题写的“苏步青故居”五个金光闪闪的大字牌匾。门台有一尊既平静安详、又充满睿智的苏老半身石雕。石雕下座碑文介绍苏老一生的奋斗历程及其科学成就。

故居大堂内有一张神情安详的苏老遗像，大厅的正上方悬挂着苏氏宗亲在苏老百岁寿诞时赠的匾额，大厅两根柱子上挂着一副楹联：“通经高适抗名家；上寿伏生传绝学。”

故居陈列室则挂有介绍苏步青一生简历的短文，以及他童年、少年学习、生活图片，展示的是苏老在童年时期的一些生活趣事，以及少年时期一边放牧一边读书的情景。陈列室的第二间厢房，墙壁上挂着介绍“东方第一位几何学家”苏步青成长的图片，还有一幅苏老自己撰写、笔迹遒劲的对联：“书山有路勤为径；学海无涯苦作舟。”陈列室的第三间厢房墙壁上挂着展示苏步青学术成就的图片，着重向我们展示的是苏老一生对教育事业的投入及贡献。苏老用满腔热情提携后辈青年才俊，他那甘为孺子牛的高尚品格，得到了全国教育界的普遍赞扬。故居庭院内苏宅的左侧是刚挖不久的长方形池塘，后院是一片挺拔翠绿的小毛竹，竹林外侧一块布满绿茵的空地上有一口古井，水清如镜。

2011 年 1 月 7 日，苏步青故居被公布为第六批浙江省文物保护单位。

一、要素分解

（一）物质要素

1. 崇文重教的学统和经世致用的永嘉遗风

北宋年间，平阳人陈经邦、陈经正兄弟二人负笈北上，师从著名理学家程颐、程颢，学成后返回平阳建立会文书院，开平阳之学风，培育了大量的读书种子。此后历朝，平阳地区科举兴盛，文化教育事业发达，人才辈出。平阳在具有全国影响力的英才中，有古代著名爱国诗人林景熙、《富春山居图》作者黄公望、经学家史伯璿，有近现代启蒙思想家宋恕、爱国实业家黄溯初、百岁棋王谢侠逊、教育大家刘绍宽、新闻巨子马星野以及数学泰斗苏步青。生于清光绪年间的苏步青，正是会文书院重建后入学的学子之一，可谓一脉相承。同时，苏步青学成后归国、用数学助力国家建设、奖掖后进、培育人才，亦深刻体现了追求实效、经世致用的永嘉学派的精神内涵。

2. 历史悠久的单层木结构古建筑

苏步青故居位于平阳县腾蛟镇腾带村大溪边，背靠卧牛山。始建于晚清，系祖辈遗留下来的单层木结构古建筑。坐东北朝西南，面阔 5 开间。20 世纪 40 年代，苏步青兄苏步皋在东首续建两间，尽间为凉亭，四面围墙，门台偏西，前庭广阔，后院深幽，具有典型的浙南民居风格。苏步青先生 1902 年就诞

苏步青故居

生在这里，并在此度过了他的少年时代。苏步青故居在1996年被平阳县列为第五批文物保护单位，2000年被温州市委、市政府命名为爱国主义教育基地。

苏步青故居摆放着苏步青同志的平生事迹、家庭背景及子女的各种资料。苏步青陈列室位于苏步青故居里，成立于2001年，室内按一定的时间顺序陈列了近200幅大大小小的照片。正厅里放着苏老的遗像，神情平静安详，彰显出他生前热爱科学、淡泊名利的高尚人格。大堂上方悬挂着苏氏宗亲在苏老百岁寿诞时所赠的匾额，上书“颐龄寿诞”四个烫金大字。两边梁柱上贴有一副楹联“通经高适抗名家；上寿伏生传绝学”。大堂内还同时供有苏步青的兄长、我国著名化学家苏步皋先生的遗像。正厅的右边有三间厢房。第一间厢房挂着苏步青童年、少年生活图片展，第二间是苏步青学习经历成长图片展，第三间是苏步青的学术成就图片展，淋漓尽致地展现了一个农家孩子求学奋斗的艰辛历程、一名青年才俊追求科学的坚定信念、一位耄耋老人对教育事业的满腔热情，正如谷超豪院士所言：“离乱坚斗志，盛世展宏图。”这是对苏老辉煌灿烂一生的最好概括。

（二）精神要素

1. 为国求学、学成归国的赤子

情怀

苏步青中学时代虽然成绩在班中名列前茅，但却对数学没有多大的兴趣，他认为文学、历史中蕴藏着更为浩瀚的知识。后来，留日归来的数学老师杨霁朝“要救国，就要振兴科学；发展实业，就要学好数学”的一番话，犹如一道惊雷划开了少年的内心世界，苏步青心潮澎湃，决心从此将命运与国家联系起来，投身数学以救祖国。此后，苏步青的求学、学成归国、从教培养后进都是为了贯彻“为国家富强而学数学”这一伟大理想，他为这一理想付出了毕生的心血，为祖国和同胞贡献了一切。苏步青同志热爱祖国，不断追求真理、追求进步，是中国近代优秀知识分子的杰出代表。1931年，他在国外谢绝了高薪聘请，抱着“科学救国”的愿望，毅然回到祖国。解放前夕，他同情和支持“反内战”“反饥饿”“反迫害”的斗争，曾以浙江大学教授会主席的身份宣布罢教，抗议国民党政府杀害进步学生，并积极营救被捕学生。他断然拒绝去台湾工作和生活，决心为新中国的教育事业贡献自己的全部智慧和力量。1959年3月，苏步青光荣地加入了中国共产党，他以“此身到老属于党”的诗句表达了愿将后半生交给党安排的决心。“文化大革命”中，他遭受“四人帮”的长期迫害，但始终没有动摇对党、对社会主义的坚定信念。他衷心拥护党的十一届三中全会以来的路线方针政策。他为改革开放以来社会主义祖国的日益强大感到欢欣鼓舞。他的心始终与时代的脉搏紧紧相连。

2. 既要教书又要育人的教学理念

苏步青是具有崇高师德的杰出教育家。他十分注重教书育人，言传身教地实施素质教育。他始终认为大学教育的根本目的是培养德智体美全面发展、能为社会主义现代化建设服务的合格人才。他提倡教师既要教书又要育人，要用崇高的思想品德教育下一代。他经常以自己的亲身经历教导学生要增强历史使命感和责任感，为振兴中华发奋学习。苏步青同志把自己的毕生精力无私地奉献给了人民的教育事业，为祖国培养了一代又一代数学人才，桃李满天下，深受人们的崇敬和爱戴。

3. 兢兢业业、积极有为的参政精神

苏步青同志是著名的社会活动家。他始终以高度的政治责任感、使命感

苏步青旧照

参与国事，巩固和发展爱国统一战线，坚持和完善中国共产党领导的多党合作和政治协商制度，为人民政协履行政治协商、民主监督、参政议政职能，为中国民主同盟的自身建设和发挥参政党的作用，呕心沥血，努力工作，作出了重要贡献。他善于团结和带领知识分子积极投身于社会主义现代化建设。他关心祖国统一大业，晚年躺在病榻上还亲笔写下“反对‘台独’，坚持‘一个中国’原则，完成祖国统一大业”的字幅，挂在病床前，表明反对“台独”、期盼祖国早日统一的心愿。他曾任中国对外友好协会上海市分会主席，上海市对外文化交流协会会长。多次出国访问讲学，参加学术交流活动，在对外文化交往中表现出一个著名科学家的独特魅力。他积极宣传我国的对外开放政策，介绍我国改革开放以来经济和社会发展所取得的巨大成就，为促进世界和平、发展中国与世界各国的友好合作以及国际文化学术交流作出了积极贡献。

苏步青讲学照

4.“因材施教”的教学理念

浙江大学搬回到杭州后，苏步青和陈建功看到了数学各分支之间联系的必要，贯彻因材施教的原则，决定让成绩突出的学生同时参加“微分几何”和“函数论”两个讨论班，这在当时也是一个创举。浙江大学还为设在上海的中央研究院数学研究所输送了几位高材生，也有几位学术上已有成就的教师被选送到国外深造，这是他们为扩大对外交流、博采众长的一项措施。

5.“此生到老属于党”的革命忠诚

1959 年 3 月，苏步青同志光荣地加入了中国共产党，他以“此身到老属于党”的诗句表达了愿将后半生交给党安排的决心。“文化大革命”中，他遭受“四人帮”的长期迫害，但始终没有动摇对党、对社会主义的坚定信念。他衷心拥护党的十一届三中全会以来的路线方针政策。他为改革开放以来社会主义祖国的日益强大感到欢欣鼓舞。他的心始终与时代的脉搏紧紧相连。

（三）制度要素

1. 文理兼治的学习方法

苏步青从小酷爱古诗文，13 岁学写诗，常骑在牛背上诵读《千家诗》。几十年来，他与诗为伴，与诗书同行，每次出差，提包里总放一两本诗集。苏步青不仅读诗，更有作诗的兴趣，几十年笔耕不辍，写了近千首诗作。在他 96 岁高龄时，北京群言出版社出版了《苏步青业余诗词钞》，共收近体诗 444 首，词 60 首，由苏老手写影印，其中 1931—1949 年早期作品 191 首，内有词 47 首。从中我们可以领略苏老 60 年间的学术生涯和诗书技艺折射的光芒，富有时代气息，给人以诸多的启迪。

苏步青曾言：“深厚的文学、历史基础是辅助我登上数学殿堂的翅膀，文学、历史知识帮助我开拓思路，加深对数学的理解。以后几十年，我能吟诗填词，出口成章，很大程度上得力于初中时的文理兼治的学习方法。我要向有志于学习理工、自然科学的同学们说一句话：打好语文、史地基础，可以帮助你们跃上更高的台阶。”

2. “青出于蓝而胜于蓝”的“苏步青效应”

苏步青培养了一大批出色的学者，其中有的已经是世界知名的数学家。有一次，他在接见自己的学生时说：“人家都说名师出高徒，我看还是高徒捧名师，我自己并没有什么了不起的地方，倒是你们出名了，把我捧出了名。但是，我要说，有一点你们还没有超过我，那就是我培养了一代像你们这样出色的数学家，而你们还没有培养出超过自己的学生。”苏步青一席话，道出了一个深刻的哲理，那就是——“老师的天职是培养超过自己的学生。”从此，国内把老师培育出超过自己水平和成就的现象称为苏步青效应。

（四）语言和象征符合

数学之王

苏步青创建了中国微分几何学派，晚年开拓了计算几何新的研究方向。他先后在仿射微分几何、射影微分几何、一般空间微分几何及射影共轭网理论等方面作出了杰出的贡献，在70多岁高龄时，还结合解决船体数学放样的实际课题，开拓了计算几何的新研究方向。苏步青的研究方向主要是微分几何。苏步青的大部分研究工作是属于仿射微分几何学和射影微分几何学方向的。此外，他还致力于一般空间微分几何学和计算几何学的研究。他创立了国际公认的浙江大学微分几何学学派，被誉为“东方国度上灿烂的数学明星”“东方第一几何学家”“数学之王”。

二、核心基因提取与评价

基于对材料的全面、深入分析，得出本文化元素的核心基因表述为："崇文重教的学统和经世致用的永嘉遗风""为国求学、学成归国的赤子情怀""'青出于蓝而胜于蓝'的'苏步青效应'"。

苏步青核心文化基因评价依据

评价项目	评价因子	评价依据（特点）	是否
生命力评价	文化基因存续的时间	自出现起延续至今，未曾明显中断	√
		自出现起延续至今，但多次衰微、中断后复兴	
		曾明显衰败，改革开放后开始复兴或历史溯源关键环节缺失，难以考证	
		文化形态主体已灭失，现存部分痕迹	
	文化基因的稳定性	在发展过程中保持相当稳定的状态	√
		在发展过程中存在明显的精神内涵、表现形式剧变	
凝聚力评价	文化基因的凝聚力及社会动员效果	曾广泛凝聚起区域群体的力量，显著推动过社会经济文化的发展	√
		曾部分凝聚起区域群体力量，对社会经济文化的发展产生过影响	
		凝聚过力量，创造过实际的发展动能，但未见对社会经济文化发展产生显著改变	
		仅在历史文献或口耳相传中存在，未见实际介入社会经济发展	

续表

评价项目	评价因子	评价依据（特点）	是否
影响力评价	辐射的范围	具有全国性、世界性的影响力	√
		具有长三角区域、浙江省影响力	
		具有市县、乡镇影响力	
	提炼的高度	已经被古代文人士大夫和当代学者提炼为精神符号和理念理论	√
		单纯的样式、造型、工艺技术规范	
发展力评价	与当代精神追求和价值观念的契合	传统文化基因得到创造性转化、创新性发展；区域革命文化基因被完整继承、广泛弘扬；区域社会主义先进文化基因成为与浙江“三个地”相适应的文化高地	√
		部分转化、部分弘扬、部分发展	
		难以转化、难以弘扬、难以发展	
说明：基因特点评价是对解码出来的基因，根据本《导则》表 2 的要求，围绕“四个力”逐一对表打“√”，进行定性表述			

（一）生命力评价

“崇文重教的学统和经世致用的永嘉遗风”承自北宋时期陈氏二兄弟开办会文书院而形成的平阳学风。苏老一生致力于数学研究、培养人才并且以自己之所学投身于祖国建设，其身上体现了这一学统和永嘉遗风，并且为其后人、弟子所继承。“为国求学、学成归国的赤子情怀”这一情感则普遍存在于近现代知识分子和专家学者群体中，他们亲历过近现代中国受列强欺侮、主权沦陷、国土流失，纷纷为“中华之崛起而读书”，在西方国家学成后毅然拒绝优厚的待遇，归来建设祖国，代表人物除苏步青外还有钱学森、邓稼先、华罗庚等，这一文化基因源于古代文人士大夫的家国情怀，在近现代民族存亡危机中逐步形成并成为强大的精神力量。“‘青出于蓝而胜于蓝’的‘苏步青效应’”是苏步青在教学生涯中形成的教学智慧和育人理念，贯穿了苏老的一生，为他培养优秀的数学人才提供了不竭的精神动力和指导方向，这一理念也为他的弟子所继承。

（二）凝聚力评价

“崇文重教的学统和经世致用的永嘉遗风”开平阳之学风，培育了大量的读书种子，使得平阳地区科举兴盛，文化教育事业发达，人才辈出。“为国求学、学成归国的赤子情怀”影响了一大批近现代中国的知识分子，他们负笈西方诸国，学成归来，为社会主义新中国的建设作了巨大的贡献，“‘青出于蓝而胜于蓝’的‘苏步青效应’”则为我国数学领域的发展输送了大量人才，同时也为其他教学者所借鉴学习，推动了我国教育事业的发展。

（三）影响力评价

“崇文重教的学统和经世致用的永嘉遗风”开创、推动了平阳乃至温州地区的文教事业，永嘉学派则更是我国南宋时期三大学派之一。“为国求学、学成归国的赤子情怀”则是近现代中国文人士子的精神追求，存在于每一个爱国爱家的知识分子心中，鼓舞着一代又一代人走出国门求学，学成以后冲破重重阻力投身祖国建设。“‘青出于蓝而胜于蓝’的‘苏步青效应’”中“青出于蓝而胜于蓝”常用以比喻学生超过老师或后人胜过前人，出于《荀子·劝学》一篇，为国人所熟知。“老师的天职是培养超过自己的学生。”这一教学追求和目的，经过苏老事迹的传播和发扬，为国内所熟知。

（四）发展力评价

“崇文重教的学统和经世致用的永嘉遗风”鼓励发展文化教育事业，为国民精神生活的富足和人才的培养提供了指导意义。“为国求学、学成归国的赤子情怀”鼓励国人投身祖国的建设，“‘青出于蓝而胜于蓝’的‘苏步青效应’”则为教育者提供了楷模和事业目标。“崇文重教的学统和经世致用的永嘉遗风”“为国求学、学成归国的赤子情怀”“‘青出于蓝而胜于蓝’的‘苏步青效应’”与当代精神追求和价值观念的契合，具有创造性转化、创新性发展的潜力。

三、核心基因保存

“崇文重教的学统和经世致用的永嘉遗风”“为国求学、学成归国的赤子情怀”“‘青出于蓝而胜于蓝’的‘苏步青效应’”作为苏步青的核心基因，《数学大师苏步青》《毕生事业一教鞭》《东方第一个几何学家》等 9 项文字资料保存于平阳县文化基因解码调查组资料库，另外，出版物和古文古籍有《步青传》《步青业余诗词钞》《与诗的交融》《苏步青画传》《怀念苏步青先生》《苏步青教授谈中国现代数学》等。实物资料为苏步青故居，位于浙江省平阳县腾蛟镇腾带村。

中共浙江省第一次代表大会会址

中共浙江省第一次代表大会会址

中共浙江省第一次代表大会会址

1939 年 7 月 21 日，中国共产党浙江省第一次代表大会在平阳县凤卧乡凤林村一幢名叫“冠尖新楼”的房子里正式举行。

这幢被附近一带人们称为“冠尖新楼”的房子是一幢 5 间 2 层木结构楼房。屋主郑永暖是个既勤奋又节俭的农民，他有 5 个儿子。由于家里人口多，原来祖上留下的房子不够住，20 世纪 20 年代，郑永暖从本地一个富户那里买到一幢旧楼房，拆回冠尖，按原来的样子重建。房子虽旧，经过木匠的修整，添了许多新料，却成了新楼。

郑永暖读过几年私塾，思想进步，支持革命，他的家便成了党活动的一个主要场所。当年这座木结构的新楼刚刚造好不久，就被当作中共浙江省第一次代表大会会址了。

如今，新楼已成老屋，推开那沉甸甸的大门，便是当年的会场。一面党旗，一张简陋的桌子，26 张木椅和几条凳子，成为红色旅游的亮点，成为人们了解中国共产党光荣历史和革命传统的重要窗口。

冠尖会址

当年，位于冠尖新楼的省“一大”会址，桌椅排列整齐。主席台正中悬挂着中国共产党党旗，台前上方挂着大幅会标，主席台两边插有红旗，周围点缀着锦旗和彩色标语。主席台用的桌子和代表坐的凳子，都是向凤林小学和当地老百姓借来的。出席会议的有省委机关和浙南、宁绍、台属、金衢、处属、浙西等地的 26 名正式代表，他们是：刘英、薛尚实、汪光焕、吴毓、丁魁梅、龙跃、林辉山、郑海啸、陈平、孙经邃、孙绍奎、刘发羡、杨思一、王文祥、谢廷斋、魏文彦、郑丹甫、周义群、林尧、林一心、王明扬、何霖、张麒麟、周源、傅振军、顾玉良。省委机关和浙南的部分干部程为昭、胡景碱、陈辉、杨雅欣、郑竟成、郭道款、郑贤塘等列席了大会。刘英特意换了一身半新的红军军装，显得格外精神。

大会开幕时，一致选举毛泽东、朱德、周恩来、张闻天、秦邦宪、王稼祥、项英、曾山等人为大会名誉主席；选举刘英、薛尚实、汪光焕、龙跃、张麒麟、林一心、顾玉良、杨思一、郑丹甫、林辉山为大会主席团成员。接着，省委书记刘英致开幕词，并代表省委作政治报告和两年来的浙江工作总结。

之后，全体代表分组进行讨论。经过充分讨论，大家一致同意刘英的报告和总结，并通过了《关于目前抗战形势与浙江党的任务的决议》《国际国内形势问题》《党的建设问题》《统一战线问题》《职工问题》《关于农民问题的讨论提纲》《对青年群众团体的领导问题》《妇女工作问题》和《告全浙民众书》等一系列文件。

然而，当会议开到中途时，冠尖一个长期蹲在北港区署的反动分子突然窜回，刘英等人立即决定当天夜里转移大会会址至马头岗村。冠尖和马头岗一山之隔。抵达马头岗村，那里有一幢九开间的木结构平房。东首阁楼顶上有一小门，可通后山。屋前涧深岭陡，屋后古松参天，不远处还有一个秘密山洞，可容纳多人。屋主翁吉忠是中共平阳县委、浙南特委的交通员。当他得知省“一大”会议需要房子时，马上腾出房子作为大会的会场，并带领马头岗村党员和群众为大会站岗放哨。今天，该平房几经修缮，依然屹立。走过风风雨雨，见证着省“一大”的顺利召开。

当年，就是在马头岗这幢简陋的九开间木结构平房里，26名代表坐在木板凳上，进行了小组会和大会发言，浙南特委代表团团长龙跃作浙南特委工作汇报，处属特委代表团团长张麒麟作处属特委工作汇报，台属特委代表团团长郑丹甫作台属特委工作汇报，宁绍特委代表团成员谢廷斋作宁绍特委工作汇报。这之后，代表们以无记名投票方式选举产生了新的中共浙江省委书记刘英；常委汪光焕、薛尚实；委员龙跃、张麒麟、郑丹甫、林辉山、刘清扬、顾玉良；候补委员杨思一、林一心。产生了省委领导机构成员：组织部部长薛尚实；宣传部部长汪光焕；统战部部长和妇女运动委员会主任刘英；青年运动委员会负责人郑嘉治；职工运动委员会负责人陈雨笠。大会选举了出席党的七大的浙江代表12名：刘英、汪光焕、龙跃、张麒麟、顾玉良、郑丹甫、林一心、杨思一、丁魁梅、林辉山、孙绍奎、刘发羡；林尧、谢廷斋等3人为候补代表。

会议的任务刚刚完成，消息传来：山门街的国民党自卫队有异样活动。于是，7月30日，大会的闭幕式又转移到冠尖。闭幕式时，邀请了各界代表参加并讲话。如大革命时期入党的老党员叶廷鹏以来宾身份出席会议并发言；凤林小学学生郑学仁代表儿童团也发了言。浙南特委和平阳县委机关的一些干部以及所在地的支部书记、支部委员参加了闭幕式。

中共浙江省第一次代表大会的召开，在党的历史上具有十分重要的地位。它是根据中共中央关于召开第七次全国代表大会的决议和通知，以及东南分局的指示，为总结抗战爆发以来浙江党的工作和部署下一步任务，选举省委领导机构和出席党的“七大”代表而召开的一次重要会议，也是新民主主义革命时期党组织召开的唯一一次全省的党代表大会。会议对于统一和加强浙江党的领导、巩固党的组织、坚持团结抗日作出了重要的贡献。中共浙江省第一次代表大会，是浙江党的历史上的一个重要里程碑。

一、要素分解

（一）物质要素

1. 国难当头、国共关系恶化的历史背景

1939 年，日寇已攻占浙江定海，又在温岭、玉环登陆，汉奸和亲日派的活动日益频繁，浙江人民面临抗日救亡的艰巨任务。中共浙江临时省委根据党中央准备召开“七大”的通知及东南局的指示，在经全省党内充分酝酿的基础上，在平阳召开了省第一次党代会。这次会议是在全国抗战形势逐步进入敌我战略相持阶段、国民党的注意力从对外转向对内并制定一整套“溶共”“防共”“限共”政策，浙江形势发生逆转的历史背景下召开的。

2. 冠尖新楼、马头岗阁楼会址

冠尖新楼为中共浙江省第一次代表大会第一个会址，为一座坐北朝南、原为五开间木构明楼式的民房（俗称冠尖新楼），是浙南山区典型的民间住宅，东稍间楼上曾作为省党代会会场。马头岗会址为一座坐北朝南、原为七开间木构暗阁楼式建筑，形制古朴，为浙南传统民居样式。

（二）精神要素

1. 抗日救亡的伟大理想

中共浙江省一大会议总结了浙江党一年多来的工作，确定了浙江党的工作方针和今后的战斗任务，统一了浙江全党的思想。会议对于统一和加强浙江党的领导、巩固和发展浙江党的组织作出了重要的贡献；为巩固和扩大民族统一战线、坚持长期合作抗日指明了方向和道路。会议号召全省各级党组织和共产党员要认真执行大会的决议，加强党的团结，努力担负起领导抗日战争的历史重任。这次省党代会的胜利召开，使浙江党组织形成一个统一领导核心——浙江省委。浙江省委高举抗日民族统一战线，组织发动群众，开展抗日救亡运动，并成功地实现了浙江的第二次国共合作，从而使浙江的抗日救亡运动开展得轰轰烈烈、有声有色，为国共两党和全国各界人士瞩目，成为当时华中八个战略区之一的苏浙皖边抗日根据地的重要组成部分，为赢得抗战的全面胜利，为以后的发展奠定了基础。

2. 党群一心的革命情谊

党代会的顺利召开，离不开当地特委、县委和群众在安全保卫、后勤服务方面的贡献和努力，体现了党群一心的革命情谊。

省一大会议召开时，大量党员以陌生人的身份进入小山村，而且会址距离国民党区署仅 5 公里，加之会议规模大、时间长，却始终没有走漏一点风声，连近在咫尺的国民党军队、政府机关、便衣特务等均一无所知。会议期间没有发生任何事故，这在浙江红色保卫后勤服务工作史上也是一个成功的范例。

为了做好会议的保密保卫工作，提供后勤服务，在省委的关切和嘱托下，中共浙南特委和平阳县委做了大量工作。他们争取和团结了一批乡保长、开明绅士和在国民党政府任职的进步分子，多方面搜集情报，了解敌方动态。省委、特委机关派警卫班、武工队隐蔽在距会址 5 公里的赤砂和 3 公里的乌子山、大屯等地，直接监视驻在水头街、山门镇的国民党驻军，并组织一批党员配合武装人员站岗放哨，发现可疑的人，立即采取防范和应对措施。对各地前来开会的代表，由政治上可靠的人接待护送。同时，为了做好这次会议的后勤保障，平阳和凤卧乡的党组织也是各显神通。农村没有粮站和菜市场，又不能公开到镇上采购，一切只能通过党支部去筹办；蔬菜除购买一部分外，还靠当地党员和群众自动赠送一部分。凤卧乡全乡 300 多名共产党员带领 1000 多名自卫队员和妇女联合会会员，直接或间接地为中共浙江省第一次代表大会服务，从而保证了大会的顺利进行。他们为中共浙江省第一次代表大会的成功举行作出了巨大贡献。

（三）制度要素

1. 严密的组织保障制度

中共浙江省第一次党代会能够在平阳顺利召开，在当时白色恐怖笼罩下，必须依赖严密的组织和后勤保障制度。当地特委、县委和群众严格遵守组织安保制度和稳妥充分的后勤保障制度，贯彻执行安全保卫、生活后勤工作，为会议的保密保卫和安全工作，提供了强大的保障。

2. 严格的会场和会务工作纪律

在省委的统一领导下，中共浙南特委和平阳县委根据严格的会场和会务工作纪律，准备了凤卧的冠尖和马头岗两个村作为会议场所；保卫队伍严密布控，做好随时转移准备。对大会的工作人员以及凤卧乡当地的干部、党员和基本群众进行保密和提高警惕教育。严格筛选政治上可靠的人员成立专门的保卫队伍，严格执行内线警卫和外线保卫、侦察情报和武装警戒、保卫保密和治安管理互相结合的会场会务工作纪律，紧密依靠当地党员和群众，周密安排，层层把关，在会址周围数十里范围内的主要乡镇都设立了情报站，确保中共浙江省第一次代表大会顺利举行。

（四）语言和象征符号

1. 冠尖会址

冠尖会址的老房子是中共浙江省第一次代表大会会址的标志性象征。冠尖会址是郑永暖家，就在现陈列馆附近，是一栋木结构两层老房子，一楼五开间。沿着其中的木质楼梯，进入当年的省一大会场，可以看见一张双人长桌主席台，一面鲜艳的党旗挂在墙面中央，十多条长板凳围成会场。当年就是在这里，刘英同志作了《政治报告》，号召全浙共产党员团结战斗，克服困难去争取更大的胜利。

2. 马头岗会址

马头岗会址在西边山顶部，与冠

尖会址中间隔着凤林溪，冠尖在东边半山腰，马头岗在西边，两地间距约3.5公里。马头岗会址是翁吉忠家一幢九开间木结构平房。西间曾作为刘英办公室与宿舍，东首屋顶上有一小门，可通后山。屋前涧深岭陡，屋后古松参天，不远处还有一个秘密山洞，可容纳多人。

二、核心基因提取与评价

基于对材料的全面、深入分析，得出本文化元素的核心基因表述为："抗日救亡的伟大理想""党群一心的革命情谊""冠尖新楼、马头岗阁楼会址"。

中共浙江省第一次代表大会会址核心文化基因评价依据

评价项目	评价因子	评价依据（特点）	是否
生命力评价	文化基因存续的时间	自出现起延续至今，未曾明显中断	√
		自出现起延续至今，但多次衰微、中断后复兴	
		曾明显衰败，改革开放后开始复兴或历史溯源关键环节缺失，难以考证	
		文化形态主体已灭失，现存部分痕迹	
	文化基因的稳定性	在发展过程中保持相当稳定的状态	√
		在发展过程中存在明显的精神内涵、表现形式剧变	
凝聚力评价	文化基因的凝聚力及社会动员效果	曾广泛凝聚起区域群体的力量，显著推动过社会经济文化的发展	√
		曾部分凝聚起区域群体力量，对社会经济文化的发展产生过影响	
		凝聚过力量，创造过实际的发展动能，但未见对社会经济文化发展产生显著改变	
		仅在历史文献或口耳相传中存在，未见实际介入社会经济发展	

续表

评价项目	评价因子	评价依据（特点）	是否
影响力评价	辐射的范围	具有全国性、世界性的影响力	
		具有长三角区域、浙江省影响力	√
		具有市县、乡镇影响力	
	提炼的高度	已经被古代文人士大夫和当代学者提炼为精神符号和理念理论	√
		单纯的样式、造型、工艺技术规范	
发展力评价	与当代精神追求和价值观念的契合	传统文化基因得到创造性转化、创新性发展；区域革命文化基因被完整继承、广泛弘扬；区域社会主义先进文化基因成为与浙江“三个地”相适应的文化高地	√
		部分转化、部分弘扬、部分发展	
		难以转化、难以弘扬、难以发展	
说明：基因特点评价是对解码出来的基因，根据本《导则》表 2 的要求，围绕“四个力”逐一对表打“√”，进行定性表述			

（一）生命力评价

1949 年以后，特别是改革开放以来，全国各地党组织和广大青少年学生纷纷到此重温历史，接受革命传统教育，参与共产党员先进性教育活动。因此，作为中共省一大会址的核心文化基因，“抗日救亡的伟大理想”“党群一心的革命情谊”“冠尖新楼、马头岗阁楼会址”三大核心文化基因自出现起延续至今，在新时代中国发挥着传承革命历史、传播革命文化的光荣使命，在发展过程中保持相当稳定的状态。

（二）凝聚力评价

中共浙江省一大的胜利召开，使浙江党组织团结成一个统一领导核心——浙江省委，且形成了抗日民族统一战线，为组织发动群众、开展抗日救亡运动奠定了基础，对整个浙江的革命斗争影响深远。由此可见，作为中共浙江省一大会议的核心基因，“抗日救亡的伟大理想”“党群一心的革命情谊”“冠尖新楼、马头岗阁楼会址”广泛凝聚起了区域群体的力量，显著推动了浙江抗日救亡革命事业的发展。

（三）影响力评价

中共浙江省一大是新民主主义革命时期浙江党组织召开的唯一一次全省代表大会，在浙江党的发展历史上具有十分重要地位和深远意义，它加强了浙江党的领导，巩固了党的组织，鼓舞了全省党员干部的斗争热情和信心，使浙江全党空前统一，为赢得抗战的全面胜利奠定了基础。因此，作为会议的核心文化基因，“抗日救亡的伟大理想”“党群一心的革命情谊”“冠尖新楼、马头岗阁楼会址”具有强大的影响力。

（四）发展力评价

1949 年后，浙江省委、省政府，平阳县委、县政府，对冠尖和马头岗中共浙江省第一次代表大会旧址十分重视，加以保护。目前，平阳县依托浙江省一大旧址、陈列馆等红色资源，配套党性教育、红色培训、红色体验、企业培训、研学教育、户外拓展、夏令营等综合服务机构，形成了教、学、研、践一体的服务体系。作为一大会址的核心基因，“抗日救亡的伟大理想”“党群一心的革命情谊”“冠尖新楼、马头岗阁楼会址”契合时代精神和价值观念。作为地域革命文化基因，具有完整继承、广泛弘扬的巨大发展力。

三、核心基因保存

“抗日救亡的伟大理想”“党群一心的革命情谊”“冠尖新楼、马头岗阁楼会址”作为中共浙江省第一次代表大会会址的核心基因，《传承红色基因，牢记初心使命》《红色旅程——踏访中共浙江省一大旧址》《循着红色足迹，重温烽火岁月》等6项文字资料保存于平阳县文化基因解码调查组资料库，另外，出版物和古文古籍有《目前抗战形势与浙江党的任务的决议》《国际国内形势问题》《党的建设问题》《统一战线问题》《职工问题》《关于农民问题的讨论提纲》《对青年群众团体的领导问题》《妇女工作问题》《告全浙民众书》等。实物资料有中共浙江省一大冠尖会场旧址、马头岗会场旧址、中共浙江省一大陈列馆等，位于平阳县西北部凤卧镇凤林村。

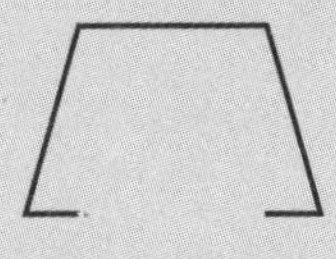

平阳木偶戏

平阳木偶戏

平阳木偶戏

平阳木偶戏，是以提线为主，兼杖头、布袋、人偶为一体的综合性木偶艺术形式。它历史悠久，形成的时间至迟在宋代，南宋温州戏文《张协状元》中有一段木偶戏“舞鲍老”的表演场面可证。

平阳木偶戏自诞生以来一直盛演不衰，尤以明清两代为最。明代姜准《岐海琐谈》称当时温州平阳一带木偶戏艺人黄子复等“擅巧思制木偶，运动以机，无异生人……声音清越，冠绝一时”。清代张綦毋《船屯渔唱》描绘平阳木偶戏云：“儿童吻唇叶宫商，学得昆山和弋阳。不用当筵观鲍老，演来舞袖亦郎当。”可见，当时木偶戏兼唱昆山腔与弋阳腔。民国亦盛，至解放初，全县尚有 100 多班，其中以提线为主的有 42 班，以布袋为主的有75班，以杖头为主的有1班。从业人员达500多人。

平阳木偶戏剧目繁多，仅传统剧目就有300多个，涉及社会的方方面面；表演形式多样，融四种木偶为一体；唱腔丰富，兼唱高、昆、徽、乱、时、滩六种声腔，语言兼唱官话、瓯语与闽语。

平阳木偶戏具有浓厚地方色彩，其中《水漫金山》《时针飞转》等剧目，早已名闻全国。除多次获奖外，已四次进京、四次出国交流演出，驰名中外。木偶行话："傀儡，木偶，南有泉州，北有温州。"所谓温州木偶，其实即平阳木偶。

1954年，平阳木偶剧团首次进京汇报演出《断桥》，由著名老艺人许家卿操作白娘子，许家銮操作青儿，张增周操作许仙。文化部领导和专家看了演出后，高度赞赏他们的演艺。1959年，平阳木偶剧团与单档布袋木偶戏出演《水漫金山》《景阳冈》《计胜强暴》等，同时还在杭州国际饭店演出招待波兰等16个国家的外宾，获得国际友人的高度赞赏。1963年，省文化厅组织平阳木偶戏在全省进行巡回演出，连演六个月，场场爆满，深受观众欢迎。1966—1976年"文革"期间，木偶戏一律停止演出活动。1978年，恢复成立"平阳县木偶剧团"。1981年，平阳木偶剧团排演儿童剧《时针飞转》，进京参加全国木偶、皮影戏会演，轰动一时，还为全国人大、政协会议及海陆空三军代表汇报演出。1992年，平阳木偶剧团第三次进京参加全国木偶皮影戏会演，演出《水漫金山》，荣获13项大奖。1995年，木偶小品《车技》《耍猴》等节目随温州艺术团出访荷兰、西班牙、卢森堡、法国、比利时等六国演出，木偶老艺人卓乃金精湛的表演，让外国朋友都伸着大拇指叫好。1998年，受文化部派遣，平阳木偶剧团参加墨西哥第11届国际木偶节，演出儿童剧《蓝星星之歌》《时针飞转》等剧，连演14场，倾倒墨西哥观众，荣获本届木偶节最高荣誉奖。2002年，收到法国金棕榈文化交流协会的邀请，平阳木偶剧团带着《老猴与小猴》《跑城》等节目在法国巴黎、亚眠、隆沟、卡蒙、阿尔贝、索姆等省市交流演出20多场，受到广泛赞誉。同年5月，收到新加坡范勉文化教育促进会的邀请，平阳木偶剧团在新加坡演出20天，观众场场爆满。2003年，人偶剧《神奇的雀翎》参加全国木偶皮影戏“金狮奖”大赛，荣获剧目、表演双金奖。

自20世纪80年代初以来，平阳木偶剧团走改革创新之路，实现了以提线为主，集杖头、布袋、人偶为一体同台演出，由单一型变综合型，由平面型变立体型，如在传统剧《水漫金山》和现代儿童剧《时针飞转》《蓝星星之歌》《老猴与小猴》《神奇的雀翎》等剧目中，都得到了充分体现，取得了丰硕的成果。

一、要素分解

（一）物质要素

1. 丰富的剧目数量

目前，平阳木偶戏演出剧目大致可分为传统戏、创作剧目、改编移植剧目三类，其中传统戏现存剧目有 300 个，又可以分为以下 3 种：第一，历史剧，有《隋唐》《三国演义》等；第二，历史故事剧，有《征东》《征西》《包公案》《空城计》《七擒孟获》等；第三，神话剧，有《陈十四》《封神榜》《西游记》《牛郎织女》《白蛇传》《劈山救母》《三打白骨精》等。创作剧目可分为以下两种：第一，现代戏，有《解放一江山》《深山采药队》等；第二，儿童剧，有《时针飞转》《神奇的雀翎》《蓝星星之歌》《老猴与小猴》《神琴飞进大森林》等。改编移植的剧目有《济公和尚》《四郎探母》《耍猴》《舞狮》《车技》等。

2. 种类多样的木偶

平阳木偶戏的木偶有四大种类，包括提线木偶、杖头木偶、布袋木偶和药发木偶。平阳木偶戏的主要表演形式是提线木偶。“提线木偶”古称“悬丝傀儡”，由偶头、笼腹、四肢、提线和勾牌组成，高约两尺。偶头以樟、椴或柳木雕成，内设机关，五官表情丰富；竹制胸腹，手有文、武之分，舞枪弄棒，笔走龙蛇，把盏挥扇，妙趣横生；脚分赤、靴、旦 3 种，勾牌与关节间有长约 1 米的提线。

随着木偶舞台演出区域的扩展平阳木偶戏提线表演占据整个舞台空间，提线可达 2 米，难度大，但表现力大增。提线一般为 16 条，据木偶动作需要取舍，合阳线戏基本提线条，做特技时可增加到 30 余条，演来细腻传神，技巧高超。自古及今，倍受称赞。

杖头木偶是平阳木偶戏的辅助形式。杖头木偶由表演者操纵一根命杆（与头相连）和两根手杆（与手相连）进行表演，有的为三根杆或“托偶”，依手杆位置有内、外操纵之分。头以木雕，内藏机关，使嘴、眼可动；命杆为木、竹制，各派长、短不同，手杆与手、肘相接。“内操纵”者多演传统戏曲剧目，宽袍大袖，便于表演戏曲程式，动作灵活，栩栩如生。“外操纵”多弯把式命杆，负担减轻，表现力增加；纸制偶头转向灵巧，便于控制机关多样，动作丰富；布袋木偶（掌中木偶）也是平阳木偶戏的辅助形式之一，偶高尺余，由头、中肢和服装组成。它以樟木雕头，机关控制表情和肌肉运动手分拳、掌，食指入头颈，中指、拇指操纵双手，动作敏捷，准确丰富，构成布袋木偶的主体，有时表演者以一小竹签插入偶袖捻动，丰富了手臂动作，而且他们可以凭借精湛技艺，做出开扇、换衣、舞剑、搏杀、跃窗等高难动作，令人叫绝。

药发木偶是将烟花与木偶相结合的木偶戏。它是一种独具一格的传统形式，其木偶表演由火药带动，在木偶表演中独一无二。艺人将戏曲人物、神话人物等木偶造型混于烟花之中燃放，在烟花的带动下，焰光中木偶凌空飞舞、五彩纷呈、栩栩如生。它往往在庙会、祭祀、民间节日等活动中表演，属于民间表演艺术。

（二）精神要素

兼收并蓄、博采众长的发展理念

在表演形式上，平阳木偶戏集提线、布袋、杖头、人偶为一体，使四种木偶有机结合，熔为一炉；在唱腔上，平阳木偶戏吸收温州各地方戏的精华，兼高腔、昆腔、徽调、乱弹、和调、滩簧与时调，后来还吸收京剧、山歌、渔唱等民间小调，体现了平阳木偶戏兼收并蓄、博采众长的发展理念。

（三）制度要素

1. **以庙会为承演主体**

在我国，庙会既是民间信仰、宗教活动的场所，也是中国戏剧的载体。平阳木偶戏正是通过庙会而获得长久生存的。旧时平阳有庙宇近千座，形成了“有庙即有庙会，有庙会必有演戏”的传统，木偶班成为平阳地区庙会不可或缺的一部分。

2. **严谨的演出程序和行规**

平阳木偶戏的演出有严谨的演出程序和行规，开场时要打头通，即敲锣催场，用锣声告诉观众，戏将开演，请观众进场。如果离演出时间较早，台下观众还少，这时催场可反复，持续较长一些。如离演出时间较短，台下观众已很多，头通可打短一些。其次是打“八仙”。“八仙”分大八仙、小八仙。一般在头一天，为了向观众展示班里服装行头和木偶戏子弟阵营整齐，在打大八仙时，几十个人物登台亮相，台下观众看后会“啧啧啧”称赞班内行头新和整齐，吸引观众好感，东家也会把红包特别加重。打八仙收红包也是传统习俗，俗称“利市”。

在日常工作中，戏班内对班里的木偶不能叫“木偶”，更不能叫“木偶头”和“柴头儿”，也不叫“傀儡”，班人都称之为“木偶弟”或“弟子”。

演出完成后要洗场（扫台）。在一个台基（演出点）演完最后一场戏后，要举行此仪式。人们认为演出期间吸引了鬼神来观看，洗场是为了防备其在此游荡影响太平，一般由“关公”或祖师爷“田都元帅”在一阵锣鼓号声中，边舞边念：“本台戏已演毕，叩请东南西北四方神灵，有庙归庙，有宫归宫，各回神位。无方小鬼勒令速离，不得在此游荡，确保地方太平，急急如律令！”念完放下台帘，班友立即拆台。

木偶戏班在外演中，内部传递信息或交换意见，只能用业内行话对话。行话也叫“测字”，外人称“黑话”。木偶班内的行话，上代师太传给师公，再由师公传给师父，再由师父一代一代口传下来。

3. **成熟的职业分工体系**

平阳木偶戏班一般以7人为多，前台操作木偶表演两人，其中一人为助手。前台操作者，一本戏从头到尾都要站在木偶台的小屏风后面，两手都要提线板操纵木偶的表演，还要建几个角色的唱腔和白口，特别是演出武打场面，双手要提好几个木偶，而且还要进行舞刀弄枪、翻跟斗等各种表演。前台操作员是木偶戏班的头号人物，一般由班主担任。木偶戏班的班名一般均以操作者姓名命名。音乐组（后台）指挥（司鼓师傅）1人，坐在木偶舞台左侧前方，既能看到前台表演动作，又能指挥后台整个乐队。指挥除了掌握鼓、单皮（鼓板）、三粒板、小梆子外，还要兼打小锣，又要兼角色唱腔和道白。鼓板师是后台第一号人物，仅次于前台操作师。木偶班中的正吹是后台的第二号人物，负责吹唢呐、笛子，拉主胡（京胡或板胡），还得兼剧中人物说、唱。后台的第三号人物，即打锣、打铙钹子，兼拉二胡及剧中角色说唱。乐队其他人员还有搞弹拨乐器的，如弹三弦、月琴等。有的班子还配有一名杂工，负责给前后台人员送茶水兼伙食工作。大的班子还有一人专门负责联络台基（演出点）演出业务，俗称“戏鼓”，专门为戏班子打前站，安排演出路线，使班子演出路线顺，不中断。也有以4人或5人著称的戏班。

4. 多样的传承方式

平阳木偶戏传承方式多样，以社会性、集体性、分散性、多元化为特征。明清以来，有科班以集体方式传承，有家庭班以父、子、孙代代相传，有个人拜师带徒。新中国成立后，还有以剧团集体招考学员进行培训等。

（四）语言和象征符号

广泛吸收温州地方戏特点的唱腔

平阳木偶戏吸收温州各地方戏的精华，兼高腔、昆腔、徽调、乱弹、和调、滩簧与时调，后来还吸收京剧以及当地山歌、渔唱等民间小调，戏剧语言用温州官话或闽南话，具有浓郁的乡土气息。

二、核心基因提取与评价

基于对材料的全面、深入分析，得出本文化元素的核心基因表述为："兼收并蓄、博采众长的发展理念""种类多样的木偶""广泛吸收温州地方戏特点的唱腔"。

平阳木偶戏核心文化基因评价依据

评价项目	评价因子	评价依据（特点）	是否
生命力评价	文化基因存续的时间	自出现起延续至今，未曾明显中断	√
		自出现起延续至今，但多次衰微、中断后复兴	
		曾明显衰败，改革开放后开始复兴或历史溯源关键环节缺失，难以考证	
		文化形态主体已灭失，现存部分痕迹	
	文化基因的稳定性	在发展过程中保持相当稳定的状态	√
		在发展过程中存在明显的精神内涵、表现形式剧变	
凝聚力评价	文化基因的凝聚力及社会动员效果	曾广泛凝聚起区域群体的力量，显著推动过社会经济文化的发展	√
		曾部分凝聚起区域群体力量，对社会经济文化的发展产生过影响	
		凝聚过力量，创造过实际的发展动能，但未见对社会经济文化发展产生显著改变	
		仅在历史文献或口耳相传中存在，未见实际介入社会经济发展	

续表

评价项目	评价因子	评价依据（特点）	是否
影响力评价	辐射的范围	具有全国性、世界性的影响力	
		具有长三角区域、浙江省影响力	
		具有市县、乡镇影响力	√
	提炼的高度	已经被古代文人士大夫和当代学者提炼为精神符号和理念理论	√
		单纯的样式、造型、工艺技术规范	
发展力评价	与当代精神追求和价值观念的契合	传统文化基因得到创造性转化、创新性发展；区域革命文化基因被完整继承、广泛弘扬；区域社会主义先进文化基因成为与浙江“三个地”相适应的文化高地	
		部分转化、部分弘扬、部分发展	√
		难以转化、难以弘扬、难以发展	
说明：基因特点评价是对解码出来的基因，根据本《导则》表 2 的要求，围绕“四个力”逐一对表打“√”，进行定性表述			

（一）生命力评价

平阳木偶戏的形成年代不晚于宋代，至明清时达到鼎盛，民国时期平阳木偶戏仍很盛行，至新中国成立初，全县尚有一百多班，其中以提线为主的有 42 班，以布袋为主的有 75 班，从业人员达 500 余人。平阳木偶戏的兴盛离不开其核心文化基因的推动，“兼收并蓄、博采众长的发展理念”“种类多样的木偶”“广泛吸收温州地方戏特点的唱腔”三大核心基因伴随着平阳木偶戏形成、兴盛不断发展延续至今，保持着稳定的状态。

（二）凝聚力评价

平阳木偶戏保存有大量民间信仰、习俗资料，包括年中庆典祭祀、婚丧仪式、神宇开光、社火庙会等，是平阳民俗文化传承的重要载体，推动了平阳地区文化的发展。同时，木偶戏是传统演艺经济的组成部分，推动了平阳经济，提供了就业。作为核心文化基因，“兼收并蓄、博采众长的发展理念”“种类多样的木偶”“广泛吸收温州地方戏特点的唱腔”广泛凝聚起了平阳地区群体的力量。

（三）影响力评价

平阳木偶戏主要分布于平阳县北港地区 15 个乡镇，以平阳为中心辐射于文成、苍南、泰顺、瑞安、乐清，以及台州市温岭、玉环，丽水市青田，福建省福鼎、福安、霞浦、寿宁等，曾巡演于江浙闽台等省，深受观众喜爱和欢迎。以平阳木偶戏为载体，核心文化基因“兼收并蓄、博采众长的发展理念”“种类多样的木偶”“广泛吸收温州地方戏特点的唱腔”在当地的演出活动中不断呈现、影响民众的民俗文化，在县市范围内形成了影响力。

（四）发展力评价

自 20 世纪 80 年代初，平阳木偶戏走改革创新之路，实现了以提线为主，集杖头、布袋、人偶为一体的同台演出，由单一型变综合型，由平面型变立体型，如在传统剧《水漫金山》和现代儿童剧《时针飞转》《蓝星星之歌》《老猴与小猴》《神奇的雀翎》等剧目中，都得到了充分体现，取得了丰硕的成果。“兼收并蓄、博采众长的发展理念”“种类多样的木偶”“广泛吸收温州地方戏特点的唱腔”作为其核心文化基因亦得到了创造性转化、创新性发展。

三、核心基因保存

“兼收并蓄、博采众长的发展理念”“种类多样的木偶”“广泛吸收温州地方戏特点的唱腔”作为平阳木偶戏的核心基因，《傀儡木偶神奇平阳》《平阳民间布袋戏的由来》《平阳木偶戏保护传承中心》等 8 项文字资料保存于平阳县文化基因解码调查组资料库，另外，出版物和古文古籍有姜准《岐海琐谈》、张綦毋《船屯渔唱》。实物资料木偶、演出乐器等保存于平阳县昆鳌路 215 号平阳木偶戏保护传承中心。

『五九批示』精神

腾鳌拓海　平阳文化基因

“五九批示”精神

1963 年 5 月 9 日，毛泽东同志在《浙江省七个关于干部参加劳动的好材料》上作了长达 1300 多字的重要批示，高度赞扬了干部以普通劳动者身份积极参加劳动的精神，倡导全体基层干部坚持参加劳动，与人民群众打成一片。这一批示，史称“五九批示”。“五九批示”的文化内涵和指示精神一直延续至今，成为温州党史上的重要精神之一。

1963 年 4 月，为给正在杭州着手制定指导全国城乡社会主义教育运动的纲领性文件（《中共中央关于目前农村工作中若干问题的决定［草案］》，即“前十条”）的毛泽东，准备与社会主义教育运动相关的材料，中共浙江省委办公厅编印了《一批干部参加劳动的材料》。这批材料中，包括了瑞安县隆山公社和平阳县城西公社党委书记廖锡龙、宁海县越溪公社越溪大队党支部书记应四官、金华县汤溪公社汤溪大队党支部书记陈双田、桐庐县俞赵公社俞家大队党支部副书记严如湛等干部参加集体劳动的事迹。

5 月 9 日，毛泽东审阅完材料后，在批转材料时，将题目改为《浙江省七个关于干部参加劳动的好材料》，在材料上写了约 1300 字的长篇批语，史称“五九批示”。

毛泽东同志“五九批示”全文：

浙江省这七个材料，都是很好的。文字也不难看，建议发到各中央局、各省、地、县、社，给干部们阅读。可以从中选两三件向识字不多的干部宣读和讲解，以便引起他们的注意，逐步加深广大干部，特别是县、社、大队、生产队四级干部对于参加生产劳动的伟大革命意义的认识，减少许多思想落后的干部的抵抗和阻力。中央曾在今年三月二十三日发出山西省昔阳县全县四级干部无例外地参加生产劳动的模范事例，并作了批语。对于这个重大问题，有些同志是注意了，例如浙江，在全省党代表大会上着重讨论了并且作了具体安排；其他地方，则反映尚少。建议各级领导同志利用适当机会，对于干部参加劳动这个极端重大的问题在今年内进行几次讨论，并普遍宣读山西昔阳县那个文件。各省、市、自治区，一定有自己的好范例，应当选出一些（不要太多）让干部学习。我们希望争取在三年内能使全国全体农村支部书记认真参加生产劳动，而在第一年，能争取有三分之一的支部书记参加劳动，那就是一个大胜利。城市工厂支部书记也应当是生产能手。阶级斗争、生产斗争和科学实验，是建设社会主义强大国家的三项伟大革命运动，是使共产党人免除官僚主义、避免修正主义和教条主义，永远立于不败之地的确实保证，是使无产阶级能够和广大劳动群众联合起来，实行民主专政的可靠保证。不然的话，让地、富、反、坏、牛鬼蛇神一齐跑了出来，而我们的干部则不闻不问，有许多人甚至敌我不分，互相勾结，被敌人腐蚀侵袭，分化瓦解，拉出去，打进来，许多工人、农民和知识分子也被敌人软硬兼施，照此办理，那就不要很多时间，少则几年、十几年，多则几十年，就不可避免地要出现全国性的反革命复辟，马列主义的党就一定会变成修正主义的党，变成法西斯党，整个中国就要改变颜色了。请同志们想一想，这是一种多么危险的情景啊！

解决这个问题是不是很困难呢？并不很困难。只要看到了问题的严重性，经过调查研究收集了可靠的材料，明了了情况，下定了决心，政策和方法又都是正确的，又有政治上强有力的几个同志作为核心领导，那末，就一个公社的范围来说，有几个星期就够了，就一个县来说，有几个月也就够了，就一个省来说，分批分期，搞好搞透，大约需要一年、二年，或者更多一点时间。因为这一次社会主义教育运动是一次伟大的革命运动，不但包括阶级斗争问题，而且包括干部参加劳动的问题，而且包括用严格的科学态度，经过试验，学会在企业和事业中解决一批问题这样的工作。看起来很困难，实际上只要认真对待，并不难解决。这一场斗争是重新教育人的斗争，是重新组织革命的阶级队伍，向着正在对我们猖狂进攻的资本主义势力和封建势力作尖锐的针锋相对的斗争，把他们的反革命气焰压下去，把这些势力中间的绝大多数人改造成为新人的伟大的运动，又是干部和群众一道参加生产劳动和科学试验，使我们的党进一步成为更加光荣、更加伟大、更加正确的党，使我们的干部成为既懂政治、又懂业务、又红又专、不是浮在上面、做官当老爷、脱离群众，而是同群众打成一片、受群众拥护的真正好干部。这一次教育运动完成以后，全国将会出现一种欣欣向荣的气象。差不多占地球四分之一的人类出现了这样的气象，我们的国际主义的贡献也就会更大了。

毛泽东

一九六三年五月九日

后来，这个批示连同浙江省7个材料作为“前十条”的附件七印发。毛泽东在“五九批示”中充分肯定了浙江的7个典型材料，要求各地学习和效仿。在这7个材料中，有两个来自温州地区：一是中共平阳县城西人民公社委员会书记廖锡龙写的《我们是怎样参加生产、领导生产的》；另一个是中共瑞安县委书记季殿凯写的《隆山公社生产大队干部参加劳动》。其中，平阳的汇报材料在七个材料中位居首位。

时任平阳县城西公社党委书记廖锡龙，是原平阳县人大常委会副主任，曾任中共平阳县委副书记，是第三、五届全国人大代表、第十届全国党代表、全国劳动模范。在《我们是怎样参加生产、领导生产的》一文中，廖锡龙将带领人民群众积极参加劳动的种种事迹，以及从中汲取的经验总结得淋漓尽致：

我们是怎样参加生产、领导生产的

我们城西公社有一千五百九十八

户，耕地面积六千四百八十亩，其中粮食作物面积六千三百三十三亩。全社共六十四个生产队，是以生产队为基本核算单位，实行公社和生产队两级核算的。全社有一百零六个党员，十三个党支部。几年来，依靠集体的力量，改变了自然条件，获得了粮食生产的稳定增产。公社化以来，在国家的支援下，社里办起了水力发电站，初步实现了灌溉机电化、加工机械化，并且把水电用于社员照明。

干部参加生产好处多

我们城西公社干部都是不脱离生产的。公社党委的九个委员（包括正副党委书记、正副公社主任），不领国家工资，不吃国家粮食，只是社里给予一定数量的补贴工分，同社员一样地参加劳动，和社员一本账参加分配。以公社党委书记廖锡龙同志为例，他在一九六二年中，先后参加省、地、县、区和公社的各种会议，共花了一百四十九天，实际参加劳动一百三十多天，共做了一千二百多个工分。

干部参加生产，带头劳动，同群众打成一片，就更好地团结了群众，干部和群众的关系比较亲密。与此同时，容易及时了解社员的思想、要求和意见，有利于更好地贯彻执行党的方针政策。更能够及时发现和解决生产中的问题，正确领导生产，避免瞎指挥，各人也能根据自己的业务和爱好，勤学苦练，刻苦钻研，这就有可能使自己走向又红又专的道路，且以普通劳动者的身份和社员生活在一起，社员就敢于监督干部。

怎样教育和帮助干部坚持劳动

我们公社的各级干部，在坚持参加生产、领导生产中，提出了“三要一交、三包一比”的群众路线工作方法。“三要”就是每个党员要有共产主义思想，和党一心一德；要听党的话，跟着党走；要有群众观点和群众路线的工作方法。“一交”就是每个党员交五个知心朋友。“三包”就是对自己的朋友包情况、包思想、包行动。“一比”就是经常进行总结评比。

解决干部的思想问题以后，还必须妥善处理干部参加生产和做好工作的矛盾，既保证干部能够挤出更多的时间去劳动，又促进干部为集体为群众作出更大的贡献。我们公社党委实行了集体领导和分工负责的制度，九个委员分工管理生产、财务、行政、组织、民兵等工作，并每月定期开会检查、总结、布置工作。同时，还要要求公社的各级干部都能坚持参加生产、领导生产，必须层层带动、互相监督。

还有一条，就是要正确解决干部的误工补贴问题。一、公社干部根据工作任务分别采取定额补贴工分的办法；二、支部和生产队干部一律不实行固定补贴，如公社开会，由公社发给工分票，为集体而误工的，根据实际情况给予误工补贴。这样一来，干部也不怕因为工作而误自己的劳动了。

廖锡龙

从平阳城西公社的汇报材料中，就可以了解到城西公社能够脱颖而出的原因。汇报材料全文 3787 字，前面为公社基本情况，后面讲了干部参加生产好处多和怎样教育和帮助干部坚持劳动，材料通俗易懂、深入浅出，语言朴素。城西干部参加生产劳动，总结了五条经验，也就是五大原因：

一是同群众打成一片，密切了干群关系；二是及时发现和解决生产中的问题，避免了瞎指挥；三是干部在生产中发挥才干，走又红又专道路；四是容易了解社员思想，有利于党的方针政策贯彻；五是接受社员监督，有利于民主风气的发扬。

城西干部参加劳动的五条经验，与“五九批示”精神高度契合，从“批示”中可寻找到答案。毛主席在批示中这样写道：“干部和群众一道参加生产劳动和科学试验，……使我们的干部成为既懂政治又懂业务、又红又专，不是浮在上面、做官当老爷、脱离群众，而是同群众打成一片、受群众拥护的真正好干部。”这是毛主席透过“五九批示”对于广大党员干部作出的定位与要求，是党员干部在如何加强自身建设这一根本问题上作出的历史回应。

几十年过去，“批示”精神并没有随着历史的车轮被遗忘在时光里，半个世纪的沉淀，“五九批示”精神在世事的更迭、风云的变换中历久弥新。在新的历史条件下，“五九批示”精神不仅对党员干部积极参加劳动产生了巨大的影响，而且对于党员干部树立正确的“公仆观”产生了巨大的作用。

批示中倡导的坚持劳动、联系群众、艰苦奋斗、廉政实干、开拓创新等优良传统和作风，正是当前广大党员干部所要继承和弘扬的。在全党上下深入学习贯彻党的十八大精神的重要时刻，在新一届中央领导集体从严治党的要求下，广大党员干部要积极贯彻落实改进工作作风、密切联系群众的八项规定，树立科学的发展观、正确的政绩观和牢固的群众观。

进入新时代，世情、国情、党情发生了深刻的变化，“五九批示”精神也被赋予新的内涵，但毛泽东所批示的许多精神是“永不褪色”的。我们要学习当年干部联系群众、与群众打成一片的精神，学习其带头劳动、真抓实干，努力成为既懂政治又懂业务、又红又专的基层干部。

身处在新时代的广大平阳干部，“五九批示”精神激励着他们，奋进争先、勇创新局。全县党员干部拿出十足干劲、百倍努力，以奋进之姿、争先之势，坚决贯彻落实中央和省、市的决策部署，奋力开创平阳高质量发展新局面。在温州转型发展、赶超跨越的关键期，让历史照进现实，以更加奋发有为的精神状态，勤勉工作，夙夜在公，以优质高效的工作推动温州发展再上新台阶，为建设物质富裕精神富有现代化浙江奠定坚实基础，为全面建成小康社会、实现中华民族伟大复兴的中国梦提供坚强保证。

一、要素分解

（一）物质要素

人民群众积极投入社会主义生产建设的历史背景

新中国成立，全国解放，广大人民群众尤其是农民得到翻身，当家作主。而面对贫富差距大、生产劳动工具落后、生产效率低下等现状，广大干部带领农民积极响应毛主席号召，投入社会主义生产建设，进行土地改革，建立农业生产合作社，成立民兵队、儿童团和妇联会等群众组织，村中面貌发生了很大变化，使农民摆脱贫困，走上社会主义的康庄大道。正是这样的历史背景，推动了广大干部深入群众、深入基层，投入生产建设。

（二）精神要素

1. 坚持走群众路线的革命传统

“五九批示”的主要精神是鼓励和提倡干部参加集体劳动，改变官僚主义作风，坚持走群众路线的优良革命传统。所包含的精神实质与内涵有五个方面：坚持吃苦耐劳的劳动精神；密切联系群众的榜样精神；深入调查研究的求是精神；不断自我学习的创新精神；敢于接受监督的民主精神。“五九批示”精神从诞生之日起，就无时无刻不散发着无穷的魅力，在历史的洪流中，它激励着广大党员干部团结人民走向胜利。

2. **与时俱进、历久弥新的精神内涵**

干部参加劳动是党和毛泽东同志一贯倡导的一项好传统、好作风，无论在战争年代，还是在建设时期，对干部与群众保持密切联系，都产生着积极的作用。“五九批示”精神在世事的更迭、风云的变换中历久弥新。在新的历史条件下，“五九批示”精神也被赋予新的内涵，与时俱进。但毛泽东所批示的许多精神是“永不褪色”的，学习当年干部联系群众、与群众打成一片的精神，学习其带头劳动、真抓实干，努力成为既懂政治又懂业务、又红又专的基层干部。

3. **以身作则、亲力亲为的领导者精神**

广大干部积极响应毛主席号召，以身作则，亲力亲为，与人民群众打成一片，主动积极带领人民群众投身社会主义生产劳动和科学实验。在当地乃至全国形成良好的社会风气和氛围。其中就包括了瑞安县隆山公社和平阳县城西公社党委书记廖锡龙、宁海县越溪公社越溪大队党支部书记应四官、金华县汤溪公社汤溪大队党支部书记陈双田、桐庐县俞赵公社俞家大队党支部副书记严如湛等干部参加集体劳动的事迹。正是这样的好事迹，让毛主席大为赞赏，诞生了“五九批示”及其精神。

（三）语言和象征符号

1. **文章《浙江省七个关于干部参加劳动的好材料》**

1963 年 4 月，为给正在杭州着手制定指导全国城乡社会主义教育运动的纲领性文件（《中共中央关于目前农村工作中若干问题的决定［草案］》，即“前十条”）的毛泽东，准备与社会主义教育运动相关的材料，中共浙江省委办公厅编印了《一批干部参加劳动的材料》。5 月 9 日，毛泽东审阅完材料后，在批转材料时，将题目改为《浙江省七个关于干部参加劳动的好材料》，在材料上写了约 1300 字的长篇批语，高度赞扬了干部以普通劳动者身份积极参加劳动的精神，倡导全体基层干部坚持参加劳动，与人民群众打成一片，史称“五九批示”。

2. **文章《我们是怎样参加生产、**

领导生产的》

《我们是怎样参加生产、领导生产的》一文在七个材料中位居首位。文中将廖锡龙带领人民群众积极参加劳动的种种事迹，以及从中汲取的经验总结得淋漓尽致。汇报材料全文3787字，前面为公社基本情况，后面讲了干部参加生产好处多和怎样教育和帮助干部坚持劳动，材料通俗易懂、深入浅出，语言朴素。城西干部参加生产劳动，总结了五条经验，也就是五大原因：一是同群众打成一片，密切了干群关系；二是及时发现和解决生产中的问题，避免了瞎指挥；三是干部在生产中发挥才干，走又红又专道路；四是容易了解社员思想，有利于党的方针政策贯彻；五是接受社员监督，有利于民主风气的发扬。

二、核心基因提取与评价

基于对材料的全面、深入分析，得出本文化元素的核心基因表述为：“坚持走群众路线的革命传统”“与时俱进、历久弥新的精神内涵”“以身作则、亲力亲为的领导者精神”。

“五九批示”精神核心文化基因评价依据

<table>
<tr><th>评价项目</th><th>评价因子</th><th>评价依据（特点）</th><th>是否</th></tr>
<tr><td rowspan="6">生命力评价</td><td rowspan="4">文化基因存续的时间</td><td>自出现起延续至今，未曾明显中断</td><td>√</td></tr>
<tr><td>自出现起延续至今，但多次衰微、中断后复兴</td><td></td></tr>
<tr><td>曾明显衰败，改革开放后开始复兴或历史溯源关键环节缺失，难以考证</td><td></td></tr>
<tr><td>文化形态主体已灭失，现存部分痕迹</td><td></td></tr>
<tr><td rowspan="2">文化基因的稳定性</td><td>在发展过程中保持相当稳定的状态</td><td>√</td></tr>
<tr><td>在发展过程中存在明显的精神内涵、表现形式剧变</td><td></td></tr>
<tr><td rowspan="4">凝聚力评价</td><td rowspan="4">文化基因的凝聚力及社会动员效果</td><td>曾广泛凝聚起区域群体的力量，显著推动过社会经济文化的发展</td><td>√</td></tr>
<tr><td>曾部分凝聚起区域群体力量，对社会经济文化的发展产生过影响</td><td></td></tr>
<tr><td>凝聚过力量，创造过实际的发展动能，但未见对社会经济文化发展产生显著改变</td><td></td></tr>
<tr><td>仅在历史文献或口耳相传中存在，未见实际介入社会经济发展</td><td></td></tr>
</table>

续表

评价项目	评价因子	评价依据（特点）	是否
影响力评价	辐射的范围	具有全国性、世界性的影响力	√
		具有长三角区域、浙江省影响力	
		具有市县、乡镇影响力	
	提炼的高度	已经被古代文人士大夫和当代学者提炼为精神符号和理念理论	√
		单纯的样式、造型、工艺技术规范	
发展力评价	与当代精神追求和价值观念的契合	传统文化基因得到创造性转化、创新性发展；区域革命文化基因被完整继承、广泛弘扬；区域社会主义先进文化基因成为与浙江“三个地”相适应的文化高地	√
		部分转化、部分弘扬、部分发展	
		难以转化、难以弘扬、难以发展	
说明：基因特点评价是对解码出来的基因，根据本《导则》表 2 的要求，围绕“四个力”逐一对表打“√”，进行定性表述			

（一）生命力评价

“五九批示”精神的核心文化基因，自出现起延续至今，未曾中断，在发展过程中保持稳定的状态。“五九批示”精神从诞生之日起，就无时无刻散发着无穷的魅力，几十年过去，“批示”精神并没有随着历史的车轮被遗忘在时光里，半个世纪的沉淀，“五九批示”精神在世事的更迭、风云的变换中历久弥新，展现出强大的生命力。

（二）凝聚力评价

“五九批示”精神的核心文化基因，曾广泛凝聚起区域群体的力量，显著推动过社会经济文化的发展。“五九批示”精神是我们党和毛泽东同志一贯倡导的一项好传统、好作风，无论在战争年代，还是在建设时期，对干部与群众保持密切联系，都产生着积极的作用，激励着广大党员干部团结人民走向胜利。

（三）影响力评价

“五九批示”精神的核心文化基因，具有全国性的影响力，且自诞生起就提炼为我们党的精神符号和理念理论。“五九批示”精神不仅对党员干部积极参加劳动产生了巨大的影响，而且对于党员干部树立正确的“公仆观”产生了巨大的作用。批示中倡导的坚持劳动、联系群众、艰苦奋斗、廉政实干、开拓创新等优良传统和作风，正是当前广大党员干部所要继承和弘扬的。

（四）发展力评价

“五九批示”精神的核心文化基因，传统文化基因得到创造性转化、创新性发展；区域革命文化基因被完整继承、广泛弘扬。“五九批示”中所包含的精神内涵为广大干部所传承和弘扬。在新的历史条件下，“五九批示”精神也被赋予新的内涵，与时俱进。但批示中的许多精神是“永不褪色”的，学习当年干部联系群众、与群众打成一片的精神，学习其带头劳动、真抓实干，努力成为既懂政治又懂业务、又红又专的基层干部，始终把人民放在心中最高位置。

三、核心基因保存

“坚持走群众路线的革命传统”“与时俱进、历久弥新的精神内涵”“以身作则、亲力亲为的领导者精神”作为“五九批示”精神的核心基因，文字资料有《“五九批示”与廖锡龙文集》《我们是怎样坚持参加生产、领导生产的》《“五九批示”精神》等保存于平阳文化基因解码调查组资料库，21张图片材料保存于平阳文化基因解码调查组资料库。

会文书院

腾鳌拓海　平阳文化基因

会文书院一隅

会文书院是平阳最早的书院，它位于浙江省平阳县南雁荡山风景区东洞华表峰下，建筑坐北朝南，始建于北宋年间，是陈经邦、陈经正读书处。陈氏兄弟二人师从著名理学家程颐、程颢，是平阳学统开创者。

现书院为清光绪九年（1883）邑令汤肇熙倡议重建，坐东南朝西北，环境幽雅，风光秀丽，五间木结构楼房，重檐歇山顶，院前有花坛园圃，楼上有坐槛，中有县令汤肇熙题写的“高山仰止”匾额，柱间有孙锵鸣、吴承志等名流书写的楹联。入口为东天门天然岩洞，门台用青石构建，门楣上嵌“会文书院”青石横额，两侧有孙衣言撰书“伊洛微言持敬始；永嘉前辈读书多”对联。门台右首毗邻棣萼世辉楼，楼原在溪对岸西山下，宣统二年（1910）移建今址，楼屋二间，青砖砌筑，上悬郑孝胥题署“棣萼世辉楼”匾额。两侧有启蒙思想家宋恕（后改名宋衡）撰“不分新旧唯求益；兼爱自他所谓公”行书对联。

据民国《平阳县志》记载，平阳历史上共有14座书院，现存4座，其中会文书院是温州迄今为止整体保存较为完整的一座古代书院。会文书院的创建，改变了平阳的学风，由此南雁地区成为浙南重要的学术中心之一。后来南宋学者朱熹曾于此讲学，成为美谈。

会文书院作为平阳传统文化的缩影，自陈氏二先生在家乡兴建会文书院传播洛学，再经徐谊、彭仲刚、黄中等平阳学者发扬光大，最终形成了永嘉学派平阳之学。晚清浙南大儒孙衣言因而论曰：“平阳之学由是兴焉。”会文书院作为永嘉学派三大源头之一，它既代表了古代平阳学统的不竭源泉，又展示出两宋以来温州书院的不朽风貌，更象征着近代温州学者对永嘉学派的薪火传承。

会文书院作为平阳地区书院教育文化的先驱，为平阳培育了大量读书的种子，科举兴盛，教育事业发达。在宋哲宗绍圣四年至度宗咸淳十年（1097—1274）的117年间，平阳地区中进士者406名，声播朝野。教育的发达带来了文献的丰富产出，入选《四库全书》的平阳籍著作达12种，其中有11种就产生于宋元时期。同时，教育的兴盛使平阳人才辈出。在平阳具有全国影响力的英才中，不乏政治、军事、外交、文化人才，古代有南宋著名爱国诗人林景熙、《富春山居图》作者黄公望、经学家史伯璿，近现代有启蒙思想家宋恕、爱国实业家黄溯初、百岁棋王谢侠逊、教育大家刘绍宽、新闻巨子马星野、数学泰斗苏步青等。

新中国建立后，平阳县人民政府多次维修会文书院，很好地保持了书院建筑原貌。1986年，会文书院被列为平阳县文物保护单位。2003年，会文书院被命名为温州市爱国主义教育基地。2005年3月16日，被列为浙江省第五批文物保护单位。

一、要素分解

（一）物质要素

1. 古风古韵的建筑

会文书院初建于北宋，现书院为清光绪九年（1883）邑令汤肇熙倡议重建。书院由台门、主楼、棣萼世辉楼等组成。台门一字形，块石墙基，青砖空斗墙身，灰瓦屋顶。书院主楼五开间二层，屋顶歇山形式，其中底层明间辟格扇门，余设槛窗。棣萼世辉楼，为仿西式二层砖楼。现书院建筑掩映在南雁山水中，周围名胜佳景，殊为大观。

2. 清幽宜人的自然环境

会文书院位于平阳县南雁镇雁山村南雁荡山东山东洞处，占地面积约 750 平方米，总建筑面积约 780 平方米，由会文书院主楼、台门、棣萼世辉楼、敬益楼组成，建筑依山形地势而建，布局得体，与自然景观相结合，环境怡人。

（二）精神要素

1. 耕读传家的家族传统

会文书院创始人，是北宋陈经正、陈经邦兄弟二人，其家族世居平阳县宰清乡乐溪。900 多年前，乐溪陈族聚居于鹤皋岭下，家族家富多资，崇儒向善。经正、经邦的曾祖父陈文济，好学笃行，为州里推重。祖父陈宗伟，崇尚气节，以儒学教育子孙。经邦父亲陈士珪“刚果有远志，迪诸子以学，资其费不吝”。经正、经邦等九兄弟均就读平阳县学，“力学问，能自拔于流俗中”。其中经郛、经德、经正、经邦四人，还先后升入温州州学。陈氏家族耕读传家的家族传统为后来陈氏兄弟不远千里、求学洛阳埋下伏笔，也为后来会文书院的开办奠定了基础。

2. 不远千里、负笈北上的求学热忱

宋仁宗时期，儒学大师程颢、程颐在河南创立洛学。“二程”上承周敦颐濂学，下启朱熹闽学，是中国古代著名的理学家和教育家。神宗元丰五年（1082），程颐建伊皋书院于洛阳鸣皋（在今河南省伊川县鸣皋镇），长期在此著书讲学。从宋仁宗庆历四年（1044）起，汴京（今河南开封）太学渐成传播新儒学思想的重要阵地。受其影响，哲宗元祐九年（1094）后，平阳学子纷纷负笈北上，就读太学，接受新儒学教育。陈经正、陈经邦是其中最著名的两位。宋哲宗元符二年（1099）秋，陈经郛、陈经德、陈经正在温州通过州学舍试，以州学上舍生选贡太学。次年春，三人补入汴京太学外舍。宋徽宗崇宁元年（1102）春，陈经邦亦经选贡补入太学外舍。秋，转入辟雍（太学外学）读书。经许景衡引荐，陈经正于元符三年（1100）十月离开太学，西赴伊皋书院，拜于程门研习洛学。崇宁元年（1102）腊月，留在太学读书的陈经邦，利用假期，与温州籍同学鲍若雨，瑞安籍同学谢佃、潘昱等赴洛问学，并于次年元宵节后返京继续读书。程门期间，陈经正与伊川先生（程颐）就人文伦理问题进行问答。其中，以齐王欲养被拒为题，问先生价值观；以人之寿数可否力移为题，问先生人生观；以“日月有明，容光必照”为题，请教君子之道；以“兴于诗”为题，请教个人修养。回乡之前，最后提出哲学本体论问题。陈经邦则与先生问答一条，时在崇宁元年冬天，内容为请教《诗说》观点。崇宁二年（1103）四月，因党禁之故，朝廷尽逐伊川学徒。陈经正、陈经邦离开河南，于是年秋回到平阳乐溪。陈氏兄弟不远千里负笈北上、问学伊洛的求学经历为建立会文书院、开平阳学院教育风气之先打下了坚实的学术基础。

（三）制度要素

1. 永嘉学派的学术发端

陈经正、陈经邦是洛学入平阳的领路人与平阳之学的发端者，在平阳学术文化史上占有十分重要的地位。明末清初的学术史巨著《宋元学案》高度评价："平阳学统，始于（经正、经邦）先生兄弟，成于徐忠文公宏父（徐谊）。"

陈经正、陈经邦所传洛学，后经南宋平阳学者徐谊等发扬光大，发展成为平阳之学。二陈之前，北宋温籍程门弟子周行已等元丰九先生在温州所传洛学，后发展成为永嘉之学。二陈之后，南宋温籍学者薛季宣（师从程门弟子袁溉）、陈傅良另辟蹊径，独创事功之学。三大支派最后由南宋温籍思想家叶适集大成，统称永嘉学派。

2. 近代永嘉学派复兴的传承载体

元明之后，永嘉学术日趋式微，几成绝学。但在近代以降，面对数千年未有之大变局，温州士人纷纷主张经世致用，永嘉学派再度复兴。清光绪九年（1883）十一月，北港士绅陈承绂、周启良联袂倡捐，当地士绅20人响应，在南雁东洞重建会文书院。次年四月，书院竣工，购置收藏图书万余册，延揽名师讲授国学。平阳知县汤肇熙捐俸劝置书院田产，以助膏火。光绪十年（1884）春，应陈承绂所邀，瑞安名宦孙锵鸣赋诗《题会文书院》。光绪十五年（1889）二月，其兄大儒孙衣言与瑞安名宦黄体芳同题步韵孙锵鸣诗，传为南雁佳话。光绪十八年（1892）初春，孙衣言为会文书院台门题额，遂以旧作颈联为台门楹联。孙锵鸣《题会文书院》："昔贤遗址堕烟萝，讲席重开聚切磋。鹿洞良规期继续，云关雄势最嵯峨。学宗濂洛渊源正，地傍溪山灵秀多。更喜文翁能训士，林泉到处有弦歌。"孙衣言《题会文书院》："兄弟同时奋薜萝，北方千里就磨磋。遂为浙学文斯在，直到横阳士尚峨。伊洛微言持敬始，永嘉前辈读书多。荆榛重辟宗风远，莫但比邻听酒歌。"

二、核心基因提取与评价

基于对材料的全面、深入分析，得出本文化元素的核心基因表述为：“古风古韵的建筑”“不远千里、负笈北上的求学热忱”“永嘉学派的学术发端”。

会文书院核心文化基因评价依据

<table>
<tr><th>评价项目</th><th>评价因子</th><th>评价依据（特点）</th><th>是否</th></tr>
<tr><td rowspan="6">生命力评价</td><td rowspan="4">文化基因存续的时间</td><td>自出现起延续至今，未曾明显中断</td><td></td></tr>
<tr><td>自出现起延续至今，但多次衰微、中断后复兴</td><td>√</td></tr>
<tr><td>曾明显衰败，改革开放后开始复兴或历史溯源关键环节缺失，难以考证</td><td></td></tr>
<tr><td>文化形态主体已灭失，现存部分痕迹</td><td></td></tr>
<tr><td rowspan="2">文化基因的稳定性</td><td>在发展过程中保持相当稳定的状态</td><td>√</td></tr>
<tr><td>在发展过程中存在明显的精神内涵、表现形式剧变</td><td></td></tr>
<tr><td rowspan="4">凝聚力评价</td><td rowspan="4">文化基因的凝聚力及社会动员效果</td><td>曾广泛凝聚起区域群体的力量，显著推动过社会经济文化的发展</td><td>√</td></tr>
<tr><td>曾部分凝聚起区域群体力量，对社会经济文化的发展产生过影响</td><td></td></tr>
<tr><td>凝聚过力量，创造过实际的发展动能，但未见对社会经济文化发展产生显著改变</td><td></td></tr>
<tr><td>仅在历史文献或口耳相传中存在，未见实际介入社会经济发展</td><td></td></tr>
</table>

续表

评价项目	评价因子	评价依据（特点）	是否
影响力评价	辐射的范围	具有全国性、世界性的影响力	√
		具有长三角区域、浙江省影响力	
		具有市县、乡镇影响力	
	提炼的高度	已经被古代文人士大夫和当代学者提炼为精神符号和理念理论	
		单纯的样式、造型、工艺技术规范	√
发展力评价	与当代精神追求和价值观念的契合	传统文化基因得到创造性转化、创新性发展；区域革命文化基因被完整继承、广泛弘扬；区域社会主义先进文化基因成为与浙江“三个地”相适应的文化高地	√
		部分转化、部分弘扬、部分发展	
		难以转化、难以弘扬、难以发展	
说明：基因特点评价是对解码出来的基因，根据本《导则》表 2 的要求，围绕“四个力”逐一对表打“√”，进行定性表述			

（一）生命力评价

会文书院原为宋代陈经正、陈经邦兄弟俩的读书和授徒之所，朱熹曾率弟子多次来此讲学，并醉笔标题陈经邦书院曰“会文”。会文书院开平阳读书、教学和学术讨论之先声，把偏僻的山沟变成了声名远播的“东南小邹鲁”，率先将洛学传入浙江，并成为后来永嘉学派学术之发端之一。南宋时，会文书院是“二陈”曾孙辈开馆授徒之所，书声一直不断。虽然至元、明期间，书院湮没，但清光绪年间会文书院得以重建，成为历史文化的载体，至今还在发挥潜移默化的作用，也影响着近 20 年温州民营经济的发展。因此，作为其核心基因，“古风古韵的建筑”“不远千里、负笈北上的求学热忱”“永嘉学派的学术发端”自出现起延续至今。

（二）凝聚力评价

会文书院是平阳最早的书院，开平阳学统，自陈氏二先生在家乡兴建会文书院传播洛学，再经徐谊、彭仲刚、黄中等平阳学者发扬光大，最终形成了永嘉学派平阳之学。作为永嘉学派三大源头之一，会文书院既代表了古代平阳学统的不竭源泉，又展示出两宋以来温州书院的不朽风貌，更象征着近代温州学者对永嘉学派的薪火传承。现在会文书院虽已退出文化教育的历史舞台，纯粹成为一方风景名胜，供海内外人士慕名而来瞻仰，但乡贤事功理念和勤学务实的学风，却为温州人一代代所传承。因此，作为会文书院的核心基因，“古风古韵的建筑”“不远千里、负笈北上的求学热忱”“永嘉学派的学术发端”曾广泛凝聚起区域群体的力量，显著推动过社会经济文化的发展。

（三）影响力评价

会文书院是平阳最早的书院，是永嘉学派三大源头之一。南宋时期，永嘉学派与当时的朱熹理学、陆九渊心学鼎足而立，并称为南宋三大学派，其影响力遍布全国。清光绪年间，会文书院重建后，先后培养出了一大批优秀人才，如周喟、陈藜青、陈振椒、苏步青、苏渊雷等，都对地方文化教育乃至中国文化教育起了很大作用。因此，作为其核心基因，“古风古韵的建筑”“不远千里、负笈北上的求学热忱”“永嘉学派的学术发端”具有全国性、世界性的影响力。

（四）发展力评价

会文书院的兴起，深刻影响了平阳的学风，为平阳培育了大量读书的种子，科举兴盛，教育事业发达。教育的发达带来了文献的丰富产出，入选《四库全书》的平阳籍著作达 12 种，其中有 11 种就产生于宋元时期。教育的兴盛带来文化名人的产出。平阳具有全国影响力的英才中，不乏政治、军事、外交、文化人才，古代有南宋著名爱国诗人林景熙、《富春山居图》作者黄公望、经学家史伯璿，近现代有启蒙思想家宋恕、爱国实业家黄溯初、百岁棋王谢侠逊、教育大家刘绍宽、新闻巨子马星野、数学泰斗苏步青等，是平阳历史名人的杰出代表，而这些杰出人才的代表与平阳的发达教育是密不可分的。如今，平阳的教育事业蒸蒸日上，县内拥有平阳中学、浙鳌高中两所省内知名高中，高考一段上线率连续 15 年居温州各县市首位。此外，平阳的民办教育非常发达，拥有完善的民办教育体系（民办幼儿园、小学、初中、高中），比如浙鳌中学、新纪元学校、苏步青学校等都是温州市远近闻名的学校。因此，会文书院的兴起带动了教育、科技、文化等各个领域的发展，深入发掘其核心基因，进行创造性转化、创新性发展具有重要意义。

三、核心基因保存

“古风古韵的建筑”“不远千里、负笈北上的求学热忱”“永嘉学派的学术发端”作为会文书院的核心基因，《从会文书院到朱子学堂》《孙衣言与会文书院》等文字资料保存于平阳县文化基因解码调查组资料库，另外，出版物和古文古籍有《平阳县志》、汤肇熙《劝捐平阳北港乡会文书院膏火田启》、汤肇熙《重建平阳会文书院记》、宋衡《重修会文书院序》等，诗歌有史伯璿《过陈氏会文书院》、孙衣言《陈少文重筑会文书院，其远祖陈贵一兄弟读书处也，予弟有诗，即用其韵》、孙锵鸣《题会文书院》、黄体芳《题会文书院，用太仆师、止庵二丈原韵》、汤肇熙《至南雁山会文书院二首录一》等。实物材料《会文书院实景照》《孙衣言题词》等 20 项保存于平阳县文化基因解码调查组资料库。

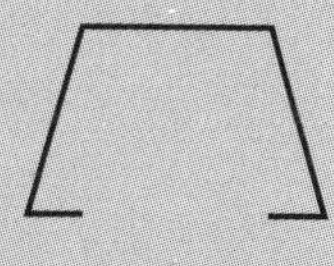

平阳南拳

腾鳌拓海　平阳文化基因

平阳南拳表演

温州南拳属全国 129 个拳种之一，而平阳是温州南拳的发祥地，以“温州拳窝”著称于世，拥有着悠久的历史和广泛的群众基础。由于古代平阳交通不便、相对闭塞，平阳南拳很少受到外来拳种的冲击，因此较好地保留了古代拳术的风格，被称为南拳中的“活化石”，极具研究价值。

平阳古为瓯地，其先民在此繁衍生息，农闲时进行简单的体育娱乐活动，模仿动物搏击动作，进行对练和角力，后来逐步摸索总结出一套符合人体生理特征的技击方式，是为平阳南拳雏形。在如今平阳南拳的拳法中，诸如“大鹏展翅”“猛虎下山”“老虎拔猪”“燕儿抄水”等动作，就是借鉴动物动作形成的。隋唐时，佛教在平阳盛行，中原大批僧人来到平阳，将中原武术带入民间。至五代时，平阳为吴越王所统治，他崇尚佛教，鼎力支持佛教在南雁荡地区的传播。与此同时，平阳南边的福建因闽王王审知之死而内乱不断，民不聊生，原来追随王审知入闽的中原移民北逃入平阳。吴越王崇佛和闽地内乱进一步推动中原武术在平阳的落地和传播。

除了外来因素，平阳本地的武术爱好者也常外出拜师学艺，将各地武功带回平阳。清代著名史学家黄宗羲《南雷文定》卷八就有这样的一段记载：“所谓内家者心静制动，犯者应手即扑……盖起源于宋之张三峰。三峰为武当丹士，其后流传于陕西，而以王宗为最著。平阳陈州同从王宗，受之，以此传其乡人，由是武当内家拳流传于温州……”

综上所述，包括僧人、外来移民和本地外出拜师学艺在内的众多武林中人将武术传入了平阳，并牢牢扎下了根。他们通过言传身教，使武术在平阳民间得到普及和发展，经过长期演变，最终形成了风格独特的平阳南拳。

悠久的武术文化历史使南拳流传最为广泛。“男壮皆练武，村村有拳坛”的“温州拳窝”在南宋期间出了13名武状元、276名武进士。平阳南拳发展至今，已衍变出许多具有平阳特色的拳种拳法，现有功柔、五鸡、鹳法、刚柔、飞熊、擒柔、牛角等多种拳种拳法。各家各法，风格各异，各有特长，如“功柔的硬，五鸡的赖，鹳法的腿”等。但据平阳南拳协会会长伍其亮等人总结，众多的平阳南拳拳种也有着共同的特点。平阳南拳在形成之后经过历代拳师的发展和创新，技法更加严密复杂，已经具有一套完整的体系。

与其他体育运动项目比较，平阳南拳具有广泛的适应性。其拳种拳法众多，内容丰富，有适应对抗性练习的“盘拳”“对打”，也有适应表演的各种拳法。所用的柴棰、板凳、扁担、竹篙等器械，则与人们的生产、生活关系密切。平阳南拳随时随地可以练习，可谓是“拳打卧牛之地”，不需要多大的地方和器械的选择，并且可赤膊上阵，在时间上不受限制，无论春夏秋冬时间长短均可练习，一般一个套路习练时间在一分钟左右。由于其适应性广，且具有健身、防身、修身养性、娱乐观赏等多方面的价值，故而南拳在平阳民间长盛不衰，深受广大群众的喜爱。

民国时期，平阳曾专门成立了“国术馆”并开展以平阳南拳为主的国术活动，参与者达500人之众。县城和鳌江等地还开设国术班，教授群众习练南拳，而农村拳坛更是比比皆是。宋桥、郑楼、榆垟、鹤溪、麻步、青街等地传统的集市庙会，一般都会举行俗称“排殿”的南拳表演。每逢此时，常常会见到台下人山人海的情景，丰富了人们的精神文化生活。

到了清代后期，平阳南拳更是成了反抗暴政的有力武器。震惊清政府的平阳金钱会起义，其领导人平阳钱仓人赵起就是精通南拳的武林高手。他慷慨好义，以武会友，团结了江湖武林中一些志同道合的朋友，创立了金钱会，并于清咸丰十一年（1861）发动起义，反抗清廷暴政。当时平阳有众多习练南拳的武林人士参加了起义，并在与清军和当地的地主武装团练战斗中发挥了重大作用。如平阳水头籍的张永厝、张永猛两兄弟，武艺高强，在起义军与温州城南和守城的官兵作战时，以一当十，用手中的柴棰将官军手中的盾牌挑飞，为起义军顺利攻入温州府城立下了汗马功劳。在金钱会起义军的队伍中，有一支由朱秀三率领的穿黑衣、打黑旗的“鸦军”，队伍组成人员大都是熟习南拳的武林人士，其中最为有名的是平阳宜山籍的陈成开、陈正强父子。陈氏父子由于武艺惊人，英勇善战，深得赵起和朱秀三的器重。

到了新民主主义革命时期，在平阳老一辈革命者中，更是不乏擅长平阳南拳的好手，在艰苦卓绝的敌后武装斗争中，精湛的武功对于革命者来说，无疑是如虎添翼。新中国成立后曾任温州专署首任专员的平阳凤卧人郑海啸，从小习武，武艺高强。据当年跟随他闹革命的老人回忆，郑海啸在部队行军时也都随身携带一根柴棰，以便随时抽空习练。革命烈士、曾任平阳武运部长的平阳山门人林瑞清少年时跟当地名拳师习练南拳，20岁时就成了十几个人不敢近身的武林高手，敌人畏之如虎。林瑞清还善于利用平阳南拳做群众工作，在队伍驻扎时，他通过向慕名前来请教的当地中青年教练拳术，对他们启发教育，提高阶级觉悟，从而指引他们走上了革命道路。

2006 年 8月，平阳南拳被平阳县人民政府列为平阳县第一批非物质文化遗产代表作名录。作为一项重要的非物质文化遗产，平阳南拳的优秀成分有待我们去挖掘、整理和保护。近年来，平阳各类武术协会和团体相继成立，在他们的努力下，已经消失多年的民间“排殿”活动又得以恢复，平阳南拳有望重新焕发青春。

一、要素分解

（一）物质要素

1. 丰富的武术器械

平阳南拳武术器械多样，分为钝器类（如梅花棒、板凳花）、锐器类（如七星剑、四门刀）、双兵器类（如十字双锏、迟兰双鞭、四门铁尺）、长兵器类（如梨花枪、水浒连环刀、丈二冲针棒）等。

2. 丰富多样、独具特色的拳类

平阳南拳发展至今，已衍变出许多具有平阳特色的拳种拳法，现有功柔、五鸡、鹤法、刚柔、飞熊、擒柔、牛角等多种拳种拳法。各家各法，风格各异，各有特长，如“功柔的硬，五鸡的赖，鹤法的腿”等。但据平阳南拳协会会长伍其亮等人总结，众多的平阳南拳拳种也有着共同的特点。平阳南拳在形成之后，经过历代拳师的发展和创新，技法更加严密复杂，已经具有一套完整的体系。

（二）精神要素

1.“呼喝则风云变色”的气势

“呼喝则风云变色，开拳则山岳崩颓开声”是平阳南拳的特点。平阳南拳讲究发声，呼喝般的喝声有“嘻”“喝”“咿”“嗌”

等六音。随着拳势变化的不同，运用不同的呼喝声。发声呼喝，一是助威势，二是助劲力，三是助形象，不可以无原则地乱喊乱叫。讲究以力发声，以声助力，强调运气鼓劲，肌肉隆起，时张时弛，全身体刚劲粗，呈现出刚劲十足的形象。

2. **以武报国的爱国情怀**

平阳武林人士身怀赤胆忠心，自古以来就有以身许国，为国效命的高尚传统。在宋代抗金抗元、元末反抗暴政、明朝抗倭、明末抗清的历史舞台上，都留下了平阳武人义无反顾的身影。

3. **注重适应性和实用性的武术理念**

与其他体育运动项目比较，平阳南拳具有广泛的适应性。其拳种拳法众多，内容丰富，适应性广，且具有健身、防身、修身养性、娱乐观赏等多方面的价值，平阳历史上曾出现“男壮皆练武，村村有拳坛”的盛况。平阳南拳有很多拳种中的拳母，都注重联系“三战”基本功。三战即步法、步型、腿力。在民间武坛上，常有练拳先练“三步儿”（三战）之说，甚至还得长时间练习，不断地提高“足力”，即增强下肢的稳定性。

4. **重礼崇德的武术传统**

平阳南拳向来重视武德，其演武中特别注重礼节。在平阳南拳中，每当演武之前，必先行礼，因此存有“礼拳”一式。拱手、请手、礼毕，皆有一系列的动作，然后才正式表演套路。与人比武交手，更是如此。虽显烦琐，但在当今社会，更显珍贵而意味深长，它体现了武人的礼仪与文明，是武士所必备的精神品质。

（三）制度要素

刚柔相济、攻防兼备的风格

平阳南拳素以刚柔相济、攻防兼备而称雄武坛，其风格独特，讲究蓄劲，拳类套路较齐全，主要特点是步稳、拳刚、势烈，发力有声，以声助力，练习时重视桩步的稳扎和肘臂桥手的坚硬，身法讲究脱肩团胛、直项圆胸、沉气实腹、五合三催、力从腰发、发声呼喝、体刚劲粗，动作灵活多变，侧重手法，动作紧削，刚健有力。

二、核心基因提取与评价

基于对材料的全面、深入分析，得出本文化元素的核心基因表述为："以武报国的爱国情怀""注重适应性和实用性的武术理念""重礼崇德的武术传统"。

平阳南拳核心文化基因评价依据

评价项目	评价因子	评价依据（特点）	是否
生命力评价	文化基因存续的时间	自出现起延续至今，未曾明显中断	√
		自出现起延续至今，但多次衰微、中断后复兴	
		曾明显衰败，改革开放后开始复兴或历史溯源关键环节缺失，难以考证	
		文化形态主体已灭失，现存部分痕迹	
	文化基因的稳定性	在发展过程中保持相当稳定的状态	√
		在发展过程中存在明显的精神内涵、表现形式剧变	
凝聚力评价	文化基因的凝聚力及社会动员效果	曾广泛凝聚起区域群体的力量，显著推动过社会经济文化的发展	√
		曾部分凝聚起区域群体力量，对社会经济文化的发展产生过影响	
		凝聚过力量，创造过实际的发展动能，但未见对社会经济文化发展产生显著改变	
		仅在历史文献或口耳相传中存在，未见实际介入社会经济发展	

续表

评价项目	评价因子	评价依据（特点）	是否
影响力评价	辐射的范围	具有全国性、世界性的影响力	√
		具有长三角区域、浙江省影响力	
		具有市县、乡镇影响力	
	提炼的高度	已经被古代文人士大夫和当代学者提炼为精神符号和理念理论	√
		单纯的样式、造型、工艺技术规范	
发展力评价	与当代精神追求和价值观念的契合	传统文化基因得到创造性转化、创新性发展；区域革命文化基因被完整继承、广泛弘扬；区域社会主义先进文化基因成为与浙江“三个地”相适应的文化高地	√
		部分转化、部分弘扬、部分发展	
		难以转化、难以弘扬、难以发展	
说明：基因特点评价是对解码出来的基因，根据本《导则》表 2 的要求，围绕“四个力”逐一对表打“√”，进行定性表述			

（一）生命力评价

自隋唐时期中原人入瓯，平阳南拳逐步形成、成熟并延续至今，形成了埭头功、柔拳法、刚柔鹤形拳法、刚柔拳法、南山五鸡拳法等十余个流派，更是出现了“男壮皆练武，村村有拳坛”的盛况。因此，作为推动南拳发展壮大的核心文化基因“以武报国的爱国情怀”“注重适应性和实用性的武术理念”“重礼崇德的武术传统”亦延续至今，并保持了相当稳定的形态。

（二）凝聚力评价

“注重适应性和实用性的武术理念”“重礼崇德的武术传统”是平阳南拳代代传承的核心基因，“以武报国的爱国情怀”

更是凝聚平阳地区民众的主要力量。北宋抗金、南宋末年抗元、元末反抗元朝暴政、明朝抗倭、明末抗清等抵御外侮、反抗暴政的斗争中，从来不乏平阳武人义无反顾的身影，正是爱国情怀凝聚了平阳民众的力量，为护卫国土、除暴安良提供了不竭动力，因此三大核心文化基因曾广泛凝聚起区域群体的力量，显著推动过社会经济文化的发展。

（三）影响力评价

我国民间把中国南北武术的特点概括为“南拳北腿”，而平阳正是南拳的发祥地之一，在2001年就荣获了“全国武术之乡”的光荣称号。南宋150多年间，平阳县共有武状元12名，武进士260名，全国罕见。因此，作为推动南拳发展的三大核心基因已被提炼为精神符号和理念理论，具有全国性的影响力。

（四）发展力评价

广泛的适应性、多重价值功效赋予南拳较强的发展潜力。平阳南拳随时随地可以练习，可谓是“拳打卧牛之地”，不需要多大的地方和器械的选择，并且可赤膊上阵。南拳在时间上不受限制，无论春夏秋冬、时间长短均可练习。同时，南拳具有健身、防身、修身养性、娱乐观赏等多方面的价值，在平阳民间长盛不衰，深受广大群众的喜爱。作为南拳的核心基因，“以武报国的爱国情怀”“注重适应性和实用性的武术理念”“重礼崇德的武术传统”契合时代精神和价值观，具有创造性转化、创新性发展的巨大潜质。

三、核心基因保存

“以武报国的爱国情怀”“注重适应性和实用性的武术理念”“重礼崇德的武术传统”作为平阳南拳的核心基因，《武林界奇葩南拳活化石》《悟肢拳法》《易筋经拳法》等 14 项文字资料保存于平阳县文化基因解码调查组资料库，另外，出版物和古文古籍有《平阳锡金秘传刘震扬珍藏颜协调校订之〈刚柔拳谱·子午棒经〉》《平阳县志》《浙江武术拳械录》《吴越武术文化研究》《中国武术史》等。

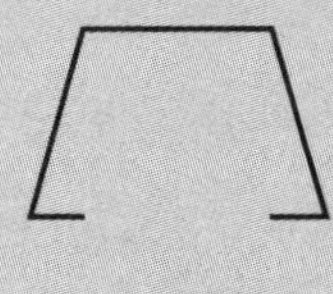

抗日救亡干部学校旧址

腾鳌拓海　平阳文化基因

抗日救亡干部学校旧址

抗日救亡干部学校旧址

浙江省温州市平阳县山门镇是革命老区，素有“浙江延安”之称。早在20世纪30年代，山门人民就在曾山、刘英、粟裕等老一辈革命家的领导下开展革命斗争。抗日战争时期，距县城西部47公里、坐落在山门镇凤岭岗坪上的畴溪小学是当年闽浙边的抗日救亡干部学校，目前存有旧址。

1919年，平阳县山门镇乡贤徐祖荣、徐祖华会同原“畴溪初级小学堂”校长周凤山，与山门叶氏诸乡贤共商捐资办学，选山门街后凤岭山岗坪，兴建一幢七开间、坐西朝东的木构教学楼（即西楼），定名为“畴溪高级小学堂”。1921年，在西楼对面续建一幢式样与西楼相似的七开间坐东朝西木构教室楼,即东楼。共有教室四间、办公室二间、寝室十间。

1937年“七七”事变爆发，中共闽浙边临时省委发出紧急通电和《宣言》，再次向国民党浙江省政府主席黄绍竑和国民党闽浙赣皖四省边区绥靖主任刘建绪提出“停止内战，一致抗日”的建议。全国人民的抗日情绪日趋高涨，国民党政府终于改变了“停抚进剿”的旨意，响应抗日。和平谈判协定签订后，为了加强抗战力量，解决骨干不足的问题，闽浙边临时省委决定，以“国民革命军闽浙边抗日游击总队”的名义，于1938年1月5日和“红军挺进师”在原山门畴溪高级小学堂开办了“闽浙边抗日救亡干部学校”。抗日救亡干部学校的创办，使200多名来自温州、处州、台州和上海等地的进步青年得到了革命教育和迅速成长。经过学习，他们进一步理解了共产党的抗日主张，迸发了爱国主义热情，锻炼了革命意志，提高了军事素质和联系民众的能力，增进了民族责任感。

在“抗日救亡干部学校”学习结束后，部分学员立即组成“随军服务团”编入粟裕同志率领的部队北上抗日，多数学员由省委分配到各地从事组织领导抗日救亡运动，还有部分学员在新四军驻扎北港留守处的领导下，组成一支“流动宣传队”，深入到平、瑞、文、泰等县的城乡，痛陈民族危机，宣传我党的抗日主张，动员后方努力生产，支援前线，团结起来打败日本帝国主义，保卫祖国，为抗日战争作出了巨大的贡献。

抗日救亡干部学校，是当年南方八省十四个革命根据地唯一的一所“抗大”式的干部学校，办学虽然短暂，但效果甚大，干部、教师和学员们不仅在抗日战争中赴汤蹈火，他们南征北战，经过血与火的洗礼，大部分成为党、政、军以及各条战线的骨干。抗日干校副校长陈志冲，学员庄鹤生、杨炎滨、周亦航、唐文荣、陈增佳、林汉卿、陈嘉胜等同志与日本侵略军浴血拼搏，献身沙场，名留史册。在抗日救亡、解放战争中幸存的其他同志，在1949年后，大多数在党内担负着重要或较重要的领导职务，绝大多数具有革命的献身精神。

抗日救亡干部学校在战争时期发展了抗日队伍，为后来长期革命斗争充实了一批骨干力量，还为现代红色教育继承和发扬革命优良传统起到了积极的作用。随着温州浙南（平阳）抗日根据地被列入全国 30 条红色旅游精品线路和全国 100 个红色旅游经典景区，平阳红色旅游迅速升温，各地游客纷至沓来。“抗日救亡干部学校”作为该景区重要的景点，正日益发挥着越来越重要的作用，其历史价值和社会价值得到充分体现。目前，“抗日救亡干部学校”成为广大党员干部、群众接受爱国主义教育、共产党员先进性教育、革命传统教育的圣地。

一、要素分解

（一）物质要素

1. 古朴典雅的学校旧址

抗日救亡干部学校旧址位于平阳县山门镇小学（原畴溪小学）内。原址呈“n”形，东西对称。现存西面一幢楼房，占地 210 平方米。原两幢楼房楼下为教室，楼上分别为教员、学员寝室，大礼堂设在北边耶稣教堂内。校园里有一片桂花林，据说是刘英、粟裕当年种植的，现已高过屋顶，每到秋天，丹桂飘香，芬芳扑鼻。1985 年经过整修，辟有革命纪念室，展出红军挺进师在浙南三年游击战争和抗日救亡干部学校的大量照片和实物。纪念室门口上方悬挂国防部原部长张爱萍手书的“闽浙边抗日救亡干部学校旧址”匾额。抗日救亡干部学校旧址四周环山，环境优雅，是集革命传统与爱国主义教育于一身的场所。每年有上万人前往这里参观瞻仰。旧址四周，筑一条高为 0.4 米的水泥墩铁栏杆。东西边各长 26.1 米，南北边各长 23.6米，北边栏杆右首筑一条宽为 3.1 米的鹅卵石通道，通往“抗日救亡干部学校”陈列室和纪念碑。

2. 坚实耐用的学校建筑

抗日救亡干部学校为一幢七开间二层穿斗式木构建筑，坐西朝东。屋顶为硬山式，单檐。屋脊用瓦片垒作，无装饰，盖阴阳合瓦。采用穿斗式结构，设上下两屋楼。楼下明间南、北缝用板壁隔断，南北两稍间和尽间，同样用板壁隔断。1988 年设立陈列室时，改明间南缝通次间，改南稍间金柱和前内柱之间通尽间。楼上每间均用竹篾刷麻灰隔断。南北首山墙用青砖砌筑，上下均设置窗门。前檐柱柱头上均设置一斗三升，分别承托上心桁和挑山檩。楼下廊道轩梁，设座斗承托檩。楼上廊道设单步梁，上设童柱柱头、座斗承托廊檩。各间均用三合土夯筑。明台用不规整岩石砌筑。楼房通面宽为 22.85 米，其中明间为 3.65 米、次间为 3.3 米、尽间为 3 米；通进深为 6.5 米。楼上楼下的前檐柱与金柱之间设置宽度为 1.4 米的廊道。前出檐 1.3 米，后出檐为 1.25 米。明间设双扇门，其余置单扇门，楼上全部设置单扇门。门无装饰，为一般民房建筑的框档门。门窗为格子窗，不能启动。南北山墙为后期改建的双扇玻璃窗。当年楼下明间为办公室，南北首尽间为储藏室和楼梯间，其余作为两个教室，楼下六间为教员、学员寝室，廊道设置简易的木构栏杆。

3. **粟裕同志纪念碑**

距政治部 200 米处是山门镇古刹龙进庵，闽浙边临时省委军区司令部就设在里面。当时，粟裕同志任司令员，张文碧同志分管政治工作，王守知同志负责文书机要工作。粟裕同志办公室设置于庵堂东首横厢楼上一个不到 10 平方米的小阁楼。当年的遗物至今仍保存完好。1984 年 4 月，粟裕同志在北京逝世，遵循他生前遗愿，党组织和他的家属将其骨灰敬撒在闽浙边抗日救亡干部学校旧址上。同年，平阳县委和县政府在此建造一座高 1.8 米、宽 0.85米的青石纪念碑，碑上刻“粟裕同志部分骨灰敬撒于此”。此后每年到此瞻仰参观的人络绎不绝。

（二）精神要素

“国家兴亡，匹夫有责”的民族责任感

抗战全面爆发后，全国掀起了抗日救亡运动。为了培养抗日救亡青年干部，中共闽浙边临时省委于 1938 年 1 月 15 日借用原山门畴溪小学校舍，创办抗日救亡干部学校（简称“抗日干校”）。该校对外称“国民革命军闽浙边抗日游击总队救亡干部训练班”，粟裕任校长，黄先河任副校长，黄耕夫任教导主任，邓扫空任总务主任。学员主要是温州各地进步知识青年及少数工人、教师等，以及来自丽水、台州、宁波、绍兴和上海等地的知识青年，共计100多名。学校开设哲学、政治经济学、抗日民族统一战线和游击战术等4门课程。粟裕亲自讲授游击战术，刘英也时常到该校作形势与任务的报告。中共中央东南分局副书记兼组织部长曾山在山门期间也到过干校向学员作形势与任务的重要报告。3月15日，抗日干校提前结业。部分学员组成随军服务团，随粟裕北上抗日；部分学员组成新四军流动宣传队，深入闽浙边各地宣传抗战；多数学员则被分配到浙南各地和全省其他地方开展斗争。在后来的革命斗争中，这些学员大多数成为党政军及各条战线的骨干，他们南征北战，体现了“国家兴亡，匹夫有责”的民族责任感。

二、核心基因提取与评价

基于对材料的全面、深入分析，得出本文化元素的核心基因表述为："古朴典雅的学校旧址""坚实耐用的学校建筑""'国家兴亡，匹夫有责'的民族责任感"。

抗日救亡干部学校旧址核心文化基因评价依据

评价项目	评价因子	评价依据（特点）	是否
生命力评价	文化基因存续的时间	自出现起延续至今，未曾明显中断	√
		自出现起延续至今，但多次衰微、中断后复兴	
		曾明显衰败，改革开放后开始复兴或历史溯源关键环节缺失，难以考证	
		文化形态主体已灭失，现存部分痕迹	
	文化基因的稳定性	在发展过程中保持相当稳定的状态	√
		在发展过程中存在明显的精神内涵、表现形式剧变	
凝聚力评价	文化基因的凝聚力及社会动员效果	曾广泛凝聚起区域群体的力量，显著推动过社会经济文化的发展	√
		曾部分凝聚起区域群体力量，对社会经济文化的发展产生过影响	
		凝聚过力量，创造过实际的发展动能，但未见对社会经济文化发展产生显著改变	
		仅在历史文献或口耳相传中存在，未见实际介入社会经济发展	

续表

评价项目	评价因子	评价依据（特点）	是否
影响力评价	辐射的范围	具有全国性、世界性的影响力	√
		具有长三角区域、浙江省影响力	
		具有市县、乡镇影响力	
	提炼的高度	已经被古代文人士大夫和当代学者提炼为精神符号和理念理论	√
		单纯的样式、造型、工艺技术规范	
发展力评价	与当代精神追求和价值观念的契合	传统文化基因得到创造性转化、创新性发展；区域革命文化基因被完整继承、广泛弘扬；区域社会主义先进文化基因成为与浙江“三个地”相适应的文化高地	√
		部分转化、部分弘扬、部分发展	
		难以转化、难以弘扬、难以发展	
说明：基因特点评价是对解码出来的基因，根据本《导则》表2的要求，围绕“四个力”逐一对表打“√”，进行定性表述			

（一）生命力评价

1937年，中国正面临生死存亡的危难关头，抗日救亡成为全民族的呼声。当闽浙边抗日救亡干部学校招生的信息传开后，各地进步青年纷纷奔走相告，踊跃报名，抗日救亡干部学校也因此成了青年们心中的“革命圣地”，许多人在这里接受了革命思想的洗礼，走上抗日和革命的征途。抗日救亡干部学校始终将“团结、紧张、严肃、活泼”作为办学方针，充分发扬革命优良品质，组建了一支高素养、高水平的抗日革命干部队伍。这所在抗战时期建设的革命熔炉继承和发扬着党的优良传统，造就了一批优秀的抗日青年干部，成为指引青年的革命火炬，在那段烽火岁月中，深深地影响了一代人。

（二）凝聚力评价

抗日救亡干部学校的创办，使200多名来自温州、处州、台州和上海等地的进步青年得到了革命教育和迅速成长。经过学习，他们进一步理解了共产党的抗日主张，树立了爱国主义热情，锻炼了革命意志，提高了军事素质和联系民众的能力，增进了民族责任感。学员有的被编入粟裕同志的部队北上抗日；有的由省委分配到各地从事组织领导抗日救亡运动；还有部分学员在新四军驻扎北港留守处的领导下，组成一支“流动宣传队”，深入平、瑞、文、泰等县，痛陈民族危机，宣传我党的抗日主张。动员后方努力生产，支援前线，团结起来打败日本帝国主义，保卫祖国，为抗日战争作出了巨大的贡献。因此，作为本重点文化元素的核心基因，“古朴典雅的学校旧址”“坚实耐用的学校建筑”“‘国家兴亡，匹夫有责’的民族责任感”曾广泛凝聚起区域群体的力量，显著推动过社会经济文化的发展。

（三）影响力评价

抗日救亡干部学校，是当年南方八省十四个革命根据地唯一的“抗大”式的干部学校，办学学期虽然短暂，但效果甚大，干部、教师和学员们不仅在抗日战争中赴汤蹈火，南征北战，经过血与火的洗礼，大部分成为党、政、军以及各条战线的骨干。在抗日救亡、解放战争中幸存而健在的其他同志，1949年后，大多数在党内担负着重要或较重要的领导职务，绝大多数具有革命的献身精神，可见抗日救亡干部学校的巨大影响力。作为其核心基因，“古朴典雅的学校旧址”“坚实耐用的学校建筑”“‘国家兴亡，匹夫有责’的民族责任感”在浙江省、长三角地区具有较强的影响力。

（四）发展力评价

开放陈列抗日救亡干部学校旧址，有利于培养民众“国家兴亡，匹夫有责”的民族责任感，促进两个文明建设，教育下一代继承和发扬革命优良传统。作为革命传统、爱国主义、集体主义教育的重要场所，抗日救亡干部学校旧址是全国各族人民宝贵的历史遗产和精神财富，是革命斗争的实物见证，它的历史文化价值和社会价值却是巨大的，影响持久深远，以其深刻的内涵和直观、形象、具体的特点，在爱国主义教育和革命传统教育上具有独特作用和优势。抗日救亡干部学校旧址是平阳创建“浙南红都”不可或缺的部分。作为抗日救亡干部学校旧址的核心基因，“古朴典雅的学校旧址”“坚实耐用的学校建筑”“‘国家兴亡，匹夫有责’的民族责任感”与当代精神追求和价值观念契合，区域革命文化基因被完整继承、广泛弘扬。

三、核心基因保存

“古朴典雅的学校旧址”“坚实耐用的学校建筑”“‘国家兴亡，匹夫有责’的民族责任感”作为抗日救亡干部学校旧址的核心基因，有关抗日救亡干部旧址的出版物有《纪念抗日战争胜利四十周年资料专辑》《中共闽浙边抗日救亡干部学校专辑》《山门抗日救亡干部学校今昔》《平阳革命老区山门参观旅游手册》《郑海啸回忆录》《平阳县爱国主义教育基地概览》《平阳红色旅游景点概览》《浙南红都》《平阳文物图录》等，相关文章有《温州也是新四军发源地之一》《平阳红色旅游1235》《浙南红都山海平阳》《红色旅游富了平阳老区农民》《平阳红色旅游魅力四射》《那年那月那红色记忆》《论闽浙边抗日救亡干部学校创建、特点和地位》等。实物材料抗日救亡干部学校旧址、粟裕同志纪念碑位于平阳县山门镇凤岭岗坪。

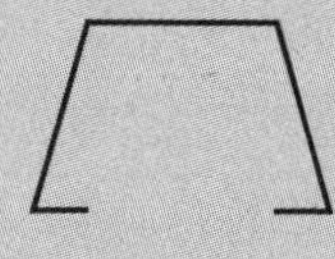

黄汤茶

腾鳌拓海　平阳文化基因

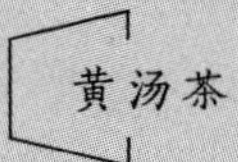

黄汤茶

平阳黄汤茶

平阳黄汤，属黄茶类，是一种微发酵的茶，也是浙江省的历史名茶。

在我国六大类茶叶品种中，黄茶最稀少，史书中对黄茶的记载也很少。仅在西汉王褒《僮约》一书中有载，书里说，西汉时已出现黄茶，时名黄芽，主要有“蒙顶黄芽”和“霍山黄芽”两种。到唐代时，蒙顶黄芽、霍山黄芽和邑湖含膏三种黄茶都已被列为贡茶。明代，黄茶的闷黄加工技术正式出现，而蒙顶黄芽和霍山黄芽却沿着两条不同的演化路径，发展出不同的闷黄技术。清代是我国黄茶的鼎盛期，各地独自研发的黄茶生产技术趋向成熟，出现多种品牌，平阳黄汤就是那时出现的，并同贵州海马宫茶、广东大叶青、莫干黄芽等齐名，于乾隆年间被征为贡茶。

平阳黄汤有昭昭盛名，但历史资料却极少保存，遍翻《中国茶经》等书籍，结合平阳老茶人的坊间传闻，大致上可以追寻出这样一条脉络：平阳地貌结构，丘陵山地约占65%，与江浙其他地区一样，多产小叶茶。茶农们收了最鲜嫩的明前茶芽，自家不舍得吃，卖到茶行去。明清时期，当地茶叶大量销往北方。当时物产运输，只能沿着漫漫驿道，舟车交替而行。稍有风雨不济，行程就被耽误。相较于大叶茶，出产于多雨江南的小叶茶，体积小而包装得更紧实、内含湿度更高，在密封的环境中更容易发酵。于是，那些来迟的茶商来到京津大城的茶行里，打开茶篓，绿茶的新香中透出浓郁的糯香；再看茶叶，叶形虽然没被破坏，鲜绿却已变成淡黄；茶汤的滋味，少了绿茶的鲜甘，却多了一份醇厚甜润。生于苦寒之地的北方人，反倒觉得更适宜。平阳茶人得知消息后，试着对这款误了行程的茶进行改良。平阳黄汤，在这样一场南北互动中应运而生。

经过历代茶人的不懈努力，平阳黄汤的品质日臻完善，位于县域西部北港地区的黄汤“尤佳”。清朝乾隆年间，平阳黄汤作为贡茶被送入皇宫。

故宫出版社出版的《清代贡茶研究》一书中曾道：“浙江的贡茶中，数量最大的不是龙井茶，而是黄茶。”

黄茶是浙江地方官督办的主要例贡茶，每年要向宫廷进贡数百斤。书中还描述了当时宫廷用黄茶制作奶茶的配方：牛乳三斤半、黄茶二两、乳油二钱、青盐一两。中国国际茶文化研究会常务副秘书长姚国坤本着40多年的茶研究经验和知识，非常肯定地指出：当时浙江并无其他地方出产黄茶，书中所言浙江进贡的黄茶，必是平阳黄汤无疑。

目前，平阳县水头镇朝阳山是平阳黄汤的主产区。该山现有茶园面积逾333.33平方公里，初制厂8座。其中大部分茶园分布在海拔300—600米的山地上，周边植被丰富，空气清新，土壤疏松肥沃，长年云雾缭绕，昼夜温差大，年均气温为16.9℃，年降雨量为1670.1毫米，是一个十分适宜种茶的地方。除了平阳，温州其他地区如泰顺、瑞安、苍南等地都有生产，但以泰顺的东溪与平阳的北港所产品质最佳。泰顺县生产的黄汤，主要经营者为平阳茶商，他们在泰顺县开设茶馆，收购茶叶，加工包装，运销沪、津等地，故泰顺所产黄茶，亦统称平阳黄汤。

平阳黄汤具有条形细紧纤秀、色泽黄绿多亮、汤色橙黄鲜明、香气清香高锐、滋味鲜醇爽口、叶底芽叶成朵均匀的特点。其高级茶的开采时间大部分安排在每年4月上旬，采摘时以1芽1叶和1芽2叶初展为标准，且要求大小均匀。平阳黄汤的制造工艺共分为5道工序，即杀青、揉捻、闷堆、初烘、闷烘。由于其制作过程比较复杂，耗时较多，加工企业逐渐放弃了黄汤茶的加工，因而黄汤茶逐渐淡出市场。为了挽救历史名茶，2010年，平阳县天韵茶叶有限公司开始恢复生产黄汤茶，并改进其加工工艺，研究出一套新的黄汤加工工艺技术，即鲜叶选择、摊青、杀青、做形、初烘、闷黄、复烘、复闷黄和干茶整理加工，全程大约要72小时。因其品质优越，连续两年在名茶评比中获奖，2011年获第八届温州早茶节名优茶评比金奖，2012年获“中茶杯”名茶评比一等奖。

一、要素分解

（一）物质要素

优越的自然环境条件

制作黄汤茶要有一定的要求，不然成茶达不到“三黄一香”的品质。平阳境内群山起伏，峰峦叠嶂，崇岭旷谷，交错回环。纵横交错的茶园多分布在海拔 400—700 米的群山之间，自然环境条件十分适宜茶树生长。一是立体气候明显，小气候资源丰富。根据气象资料统计，年平均气温递减率为 0.53℃/100 米。南坡、北坡全年平均温度相差 0.3℃，雨量则随海拔升高而增加，年降雨量递增为 60—100 毫米/100 米；300—750 米的温和层，年平均气温 15.1—17.2℃。二是光、热、水配合优异，春夏“水热同步”，秋冬“光热互补”，积温有效性高。年日照时数为 1759.2 小时，年太阳辐射 101.96 千卡/平方厘米，年平均降雨量 1800—2100 毫米，年相对湿度为 82%，有利于茶叶有机物质的积累。三是常年云雾弥漫，直射光少，散射光多（主要是蓝紫光），故茶叶嫩度高，芽叶肥厚，有机物质含量丰富。四是土壤属黄壤、红壤，pH 值为 4.5—5.5，有机质含量为 3%。

（二）精神要素

精工细作的匠人精神

黄汤茶的初制技术比较精绝，所谓“三黄”，既要保持色黄、汤黄、叶底黄，又要充分发挥茶叶的清香气与醇和味，没有制造上的独到之处，是不能轻易获得良好品质的黄汤茶的。旧时茶商收购茶叶，往往不收干毛茶，而是要收湿坯。黄汤茶在清明前按一芽一叶或一芽二叶初展采摘的细嫩芽叶，称为高级黄汤；清明后按一芽二叶采摘的为普通黄汤。制造黄汤的鲜叶，采回后要经过摊放，又称“摊青”，以此保持鲜叶的新鲜和成茶滋味的醇和。黄汤茶在制造工艺上有独到之处，围绕着“黄”字做文章，尤其是闷堆工序，是黄汤茶制造中的一个特色。因此，黄汤茶从原材料的采摘、筛选到加工制作，离不开制作者的辛勤劳作，体现了精工细作的匠人精神。

（三）制度要素

古老的闷黄工艺

黄汤茶的初制工艺全用传统的手工操作，主要分为以下几个步骤：

杀青：用平锅杀青，锅温一般在120℃左右，投叶量0.5—1斤。要求杀得匀、熟、透，使叶色能透显微黄色。

揉捻：将杀青叶趁热揉捻，揉捻时手势不能太重，要求叶子能基本卷曲成紧细的条索就好。

闷堆：揉捻好的叶子，稍加抖散，堆闷在特制的竹篓中，使叶子轻微发酵，促进茶体黄色的形成和香气的发挥。闷堆时间一般为20小时。

干燥：分毛火和足火两个阶段。毛火通常在平锅中进行，锅温一般在100—110℃之间。在打毛火时，应掌握多网少抖，促使叶子进一步变成黄色，这可以补救闷堆的不足。至茶叶七八成干时即可出锅摊凉；足火大都用培笼烘干，火温为70—80℃，手势轻盈，以保持成品茶的锋苗和完整度。烘至茶叶能捏成粉末时为宜。

筛整：足火后的茶叶，筛去茶末，簸剔梗片，再经一道复火过程，随即趁热装箱出运。

装箱时色泽尚呈黄绿的茶叶，到了销区启箱出售时，已是茶色嫩黄、汤色全黄的名副其实的黄汤茶了。

（四）语言和象征符号

1. 以“三黄”为主要外观特征

平阳黄汤具有“干茶显黄、汤色

杏黄、叶底嫩黄”的“三黄”特征，茶叶条形细紧纤秀，茶汤色泽橙黄鲜明，香气清香高锐，滋味鲜醇爽口。平阳黄汤茶富含茶多酚、氨基酸、可溶性糖、维生素等丰富的营养物质，对防治食道癌有明显功效。平阳黄汤茶很适宜不习惯喝浓茶的消费者饮用，被称为“温和饮料”。

2. **浓厚甜醇的茶味**

俗话说，名茶离不开名种。平阳地区种植的是酚氨比值较小的茶树品种，具有较高含量的氨基酸和茶多酚，滋味更鲜浓纯爽，且春季的原料更为优质，适宜制作黄茶。同时，通过闷黄技艺，改善了茶叶中多酚类和氨基酸的含量和比例，使黄汤比同等绿茶醇和，口感甘甜，这是黄汤具有“浓而不涩，厚而甜醇”的品质特征的原因。

二、核心基因提取与评价

基于对材料的全面、深入分析，得出本文化元素的核心基因表述为:“精工细作的匠人精神”“繁复的黄汤茶制作程序”“浓厚甜醇的茶味”“以‘三黄’为主要外观特征”。

黄汤茶核心文化基因评价依据

评价项目	评价因子	评价依据（特点）	是否
生命力评价	文化基因存续的时间	自出现起延续至今，未曾明显中断	√
		自出现起延续至今，但多次衰微、中断后复兴	
		曾明显衰败，改革开放后开始复兴或历史溯源关键环节缺失，难以考证	
		文化形态主体已灭失，现存部分痕迹	
	文化基因的稳定性	在发展过程中保持相当稳定的状态	√
		在发展过程中存在明显的精神内涵、表现形式剧变	
凝聚力评价	文化基因的凝聚力及社会动员效果	曾广泛凝聚起区域群体的力量，显著推动过社会经济文化的发展	√
		曾部分凝聚起区域群体力量，对社会经济文化的发展产生过影响	
		凝聚过力量，创造过实际的发展动能，但未见对社会经济文化发展产生显著改变	
		仅在历史文献或口耳相传中存在，未见实际介入社会经济发展	

续表

<table>
<tr><th>评价项目</th><th>评价因子</th><th>评价依据（特点）</th><th>是否</th></tr>
<tr><td rowspan="5">影响力评价</td><td rowspan="3">辐射的范围</td><td>具有全国性、世界性的影响力</td><td></td></tr>
<tr><td>具有长三角区域、浙江省影响力</td><td></td></tr>
<tr><td>具有市县、乡镇影响力</td><td>√</td></tr>
<tr><td rowspan="2">提炼的高度</td><td>已经被古代文人士大夫和当代学者提炼为精神符号和理念理论</td><td>√</td></tr>
<tr><td>单纯的样式、造型、工艺技术规范</td><td></td></tr>
<tr><td rowspan="3">发展力评价</td><td rowspan="3">与当代精神追求和价值观念的契合</td><td>传统文化基因得到创造性转化、创新性发展；区域革命文化基因被完整继承、广泛弘扬；区域社会主义先进文化基因成为与浙江“三个地”相适应的文化高地</td><td></td></tr>
<tr><td>部分转化、部分弘扬、部分发展</td><td>√</td></tr>
<tr><td>难以转化、难以弘扬、难以发展</td><td></td></tr>
<tr><td colspan="4">说明：基因特点评价是对解码出来的基因，根据本《导则》表 2 的要求，围绕“四个力”逐一对表打“√”，进行定性表述</td></tr>
</table>

（一）生命力评价

西汉时我国已出现黄茶，时名黄芽，主要有“蒙顶黄芽”和“霍山黄芽”两种。到唐代时，蒙顶黄芽、霍山黄芽和邕湖含膏三种黄茶都已被列为贡茶。明代，黄茶的闷黄加工技术正式出现，而蒙顶黄芽和霍山黄芽却沿着两条不同的演化路径，发展出不同的闷黄技术。清代是我国黄茶的鼎盛期，各地独自研发的黄茶生产技术趋向成熟，出现多种品牌，平阳黄汤就是那时出现，并同贵州海马宫茶、广东大叶青、莫干黄芽等齐名，于乾隆年间被征为贡茶，距今已有 200 余年历史。

清末民初，军阀割据，列强入侵，战火连绵，民族工业包括制茶业遭受重创。1949 年后，部分茶厂恢复了生产，但因黄茶制作工艺复杂，耗时费工，故茶厂多弃黄茶而改制绿茶和红茶。学制平阳黄汤的技术人员渐少，一代名茶随着制茶师傅一代代老去而式微。

然而，温润潮湿的江南气候、肥沃的土壤、品种优良的茶树、悠久的制茶历史为黄汤茶提供了强大的生命力。经过平阳茶商、当地专家数年研究，于2012年底重新研制成功，在市场上热度迅速提升，当地乃至全温州地区的茶叶企业，纷纷投产平阳黄汤，部分制茶企业借助强大资金与优质工艺，得到了迅速发展。2015年，在当地政府助力下，有的茶企完成上市审核，顺利入驻新三板。

（二）凝聚力评价

自清代以来，平阳黄汤一直是名茶、贡茶。黄汤茶产业是平阳及周边地区的重要产业，虽然曾经衰落但迅速恢复、壮大，丰富了平阳县名茶种类，增加了茶叶产业的效益，带动了当地经济发展和茶文化的兴盛，成为平阳县文化和旅游事业的金名片。

（三）影响力评价

平阳黄汤茶，是浙江主要名茶之一，中国四大黄茶之一，在清朝乾隆年间就成为贡茶，后来畅销国内各大城市，如上海、天津、北京和营口等。平阳黄汤茶在2013年第三届中国国际茶业与茶艺博览会上获金奖，在2014年第十届国际名茶评比中获黄茶金奖，入编《2014年国际名茶评比年鉴》。2014年5月，“平阳黄汤茶”入选国家农产品地理标志保护农产品。2018年，在第三届亚太茶茗大奖赛上，平阳黄汤获金奖，引起了国内关注。

（四）发展力评价

平阳黄汤茶叶条索细嫩，显白毫，香气清高深远，滋味醇和鲜爽，汤色橙黄或金黄，特别适合妇女及一般不习惯喝浓茶的消费者饮用，因而具有广阔的市场前景。与此同时，平阳黄汤富含茶多酚、氨基酸、可溶性糖、维生素等丰富的营养物质，对防治食道癌有明显功效。此外，平阳黄汤保留的鲜叶天然物质达85%以上，而这些物质对防癌、杀菌、消炎均有特殊效果，为其他茶叶所不及。

2014年5月，国家农业部公布2014年第一批农产品地理标志名录，平阳茶业协会选送的“平阳黄汤茶”入选，从此黄汤茶成为国家农产品地理标志保护农产品。2018年，在第三届亚太茶茗大奖赛上，“子久”牌平阳黄汤获特别金奖，“玉春雪韵”牌平阳黄汤、“二月香”牌平阳黄汤获金奖，在国内引起了很大的关注。

黄汤茶优异的茶叶品质、独特的营养价值赋予黄汤茶极大的发展潜力，这离不开“精工细作的匠人精神”“繁复的黄汤茶制作程序”文化基因的支撑作用。与此同时，近年来黄汤茶不断在国内外各大赛事、活动、会议上亮相，得到各界人士的肯定，是因为它“浓厚甜醇的茶味”“以‘三黄’为主要外观特征”文化基因的作用。因此，黄汤茶目前基础上，其文化基因具有创造性转化、创新性发展的发展前景。

三、核心基因保存

“精工细作的匠人精神”“繁复的黄汤茶制作程序”“浓厚甜醇的茶味”“以‘三黄’为主要外观特征”作为黄汤茶的核心基因，《温州黄汤闷堆和闷烘工艺》《平阳黄汤茶饼品质特点及加工工艺》《平阳黄汤制作技艺》等 6 项文字资料保存于平阳县文化基因解码调查组资料库，另外，出版物和古文古籍有《中国茶经》《温州黄汤制作初探》《清代贡茶研究》《中国名茶志》等。实物资料茶树茶园等保存于平阳县水头镇朝阳山。

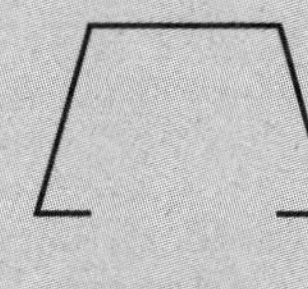

高机与吴三春

腾鳌拓海　平阳文化基因

高机与吴三春

《高机与吴三春》剧照

“高机与吴三春”是浙江省温州市的地方民间传说故事，讲述了一对青年男女为了爱情冲破封建桎梏而双双殉情的故事。在温州民间，“高机与吴三春”以山歌、道情、花鼓、渔鼓、温州鼓词、布袋戏等不同的形式在浙西南一带的民间广为传唱，同时还被编写成越剧、瓯剧、婺剧等戏剧和连环画、章回小说等文艺形式流传至台州、杭州及广东的潮州、福建等地，被称为“浙南梁祝”与中国版的“罗密欧与朱丽叶”。

明嘉靖年间，平阳宜山（现为苍南龙港白沙）人高机是一个手艺高超的织绸工人，英俊潇洒，他织的瓯绸平滑细腻而光泽鲜亮，在浙南一带十分出名，被称为“高机绸”。处州府龙泉县富商吴文达为了巴结府尹，拟用最为昂贵的“高机绸”作为庆贺府尹之母六十寿诞的礼品，遂重金礼聘高机前来龙泉，吴文达为此专门把厢房作为机房安放织绸机，以供高机织绸之用。

吴文达独生女吴三春善于刺绣，倾慕高机手艺高超，倜傥风流，经常下楼到机房观看高机织绸，二人日久生情，情投意合，引为知己。一年后，高机因母病即将离去，三春恋恋不舍，在丫环玲聪的安排下，二人在绣楼定情，愿生生世世永为夫妇。高机觉得两家门第悬殊太大，要结为夫妇绝无可能，为此犹豫再三，但三春义无反顾，决定随高机私奔。在船老大黄三的协助下，二人夜里乘舴艋舟离开龙泉到达江心屿。吴文达遍寻三春不得，严刑拷问玲聪，得悉三春已与高机私奔，便率领家丁追赶，在江心屿将高机擒获，解送县衙治罪，永嘉县令以“拐骗良家女子”罪将高机判刑三年。吴文达将三春带回龙泉，准备另择豪门。三年后高机出狱，为探听三春消息，乔装卖绡客来到龙泉吴家，见吴家红灯高挂，多方打听，方知三春次日即将出嫁。玲聪认出高机，遂将此事告知三春，暗中将他招引进门。三春诚恐吴文达加害高机，便故布疑阵，命玲聪将金银暗藏于麦饼中赠与高机。玲聪引高机至厨下用饭，又暗藏哑谜于菜肴之中。高机误以为三春变心，愤然离去，路经桃花岭时，从麦饼中发现金银，回想菜肴中的哑谜，方知三春一片苦心，一时气塞心头，竟成疯癫。

次日，三春迎亲花轿途经桃花岭，见高机疯疯癫癫，心痛如绞，以剪刀自裁于花轿之中。高机见三春为己殉情，也投江而死。

“高机与吴三春”的传说产生于何时，现已无人知晓，但从各种艺术形式的唱词内容分析，应始于清代。苍南山歌唱本《高机别三春》的第一句唱词“道光坐天真明君，且说一本好新闻”，就明确告诉人们故事发生的时间。永嘉道情《高机卖绡》唱本的第一句唱词是“乾隆年间有户人，处州龙泉吴宅门”。民间艺人王牡丹、陈春兰等演唱的温州鼓词唱本，却都把故事的发生时间定在明嘉靖年间，其原因，或许是为了强调故事更为古老，或者是为了证明他们所唱的词本出现的时间更早，或者是他们有较高的文化程度，知道明代温州丝织业就已经十分繁荣、丝织高手辈出，故事出现在这一时期更为合理。而据叶大兵先生提供约于清末民初刻印的《新出·高机分别》乱弹唱本照片和沈沉先生编校的《杜隐园观剧记》所辑的瑞安张震轩民国九年的日记“赴斜桥头看演《高机别》《白水滩》二出”，至少于民国初期，“高机与吴三春”的传说即已在舞台上演出。

自20世纪50年代初起，“高机与吴三春”的传说引起了温州当代艺术家们的关注，半个多世纪以来，成为温州艺术家为之呕心沥血的重要创作素材。1950年，温州中学教师陈玮君偶然发现一本手抄本，深深地被里面的情节所打动，便开始留意传说民间唱本的搜集，后根据“唱龙船儿”唱本、艺人徐邦忠、邵昌弟道情唱本、温州泥刻本《高机分别全本》、农民傅佐庭的山歌《高机分别》片段唱本等改编创作了章回长篇小说《高机与吴三春》，1957年2月由东海文艺出版社正式出版，1959年他又与徐君陶合作，将小说改编成同名连环画，由上海人民美术出版社出版，1979年浙江人民出版社再版了他的章回小说，1982年浙江人民出版社再版了他的同名连环画，继而他又对小说做进一步的修改，并改名为《瓯江怨》，由山西人民出版社再次出版。

1955年，温州文化部门选定“高机与吴三春”作为重点剧目，成立“高机与吴三春整理小组”，由郁宗鉴任组长，开展故事的改编工作。1957年1月，何琼玮将这个凄美的故事编成了瓯剧《高机与吴三春》，并在温州公园路东南剧院首演，当即轰动全城，连演40多场，成为温州市有史以来连演场次最多的剧目之一。

同年，《浙南大众报》编辑吴孟前与何琼玮把徐邦忠演唱的《高机卖绡》一折，根据记录稍加整理后，发表在全国唯一的曲艺刊物《曲艺》杂志上；同年，沈沉将“高机与吴三春”的传说改写成同名电影剧本，上海振奋越剧团将该故事改编成越剧《魂断桃花岭》，首演于中华大戏院，连演一个月。之后，李荣、王国仁联合永嘉昆剧团导演李冰及高兆明等人写了《血溅桃花岭》，浙江省文联副秘书长林辰夫将“高机与吴三春”的传说故事改编为越剧《桃花岭》并在杭州演出。

1958 年，上海导演杨村彬到温州了解“高机与吴三春”的传说，称“高机与吴三春”的传说不逊色于“罗密欧与朱丽叶”的爱情故事。20 世纪 60 年代以来，温州瓯剧团的李子敏先生等又先后编写《织绸缘》和多个“高机与吴三春”的剧本；20 世纪 80 年代，这个爱情故事被永嘉县民间艺人麻福地改编、拍摄成温州乱弹戏曲连续剧，由中国国际广播音像出版社出版发行，还被福建省剧作家黄来旺改编成古装潮剧《百鸟图》。此外，艺人潘国英演唱的花鼓《高机与吴三春》，王牡丹、陈春兰演唱的鼓词《高机与吴三春》先后由国内多家音像出版社出版。2008 年，中国民族摄影出版社出版了何琼玮著的《高机与吴三春》一书，温州市瓯剧团演出了新编大型瓯剧《高机与吴三春》（张烈改编），更为成熟的故事情节又一次叩动温州人的心弦。

“高机与吴三春”的传说，历经传唱上百年，如今通过社会各界的共同努力，必将成为温州的一项文化品牌。

一、要素分解

（一）物质要素

1. 品质上乘的瓯绸

瓯绸是温州的特产之一，南朝郑缉之的《永嘉郡记》就已记载“永嘉有八辈蚕”，宋嘉定年间，温州已出现机织户，元至元年间，温州设有官营织染局，专门管理与纺织有关的事宜。元代平阳人王虎臣还写过《缫丝行》一诗，可见当时平阳的纺织手工业比较发达。明万历元年（1573），温州府在德清坊设立了织染局，派官员监造进贡宫廷的丝织品。

2. 故事发生地——姜家大屋

位于城西入口处的官头村，背靠风景秀丽的凤凰山，面对老虎岗山，瓯江支流绕村而过。这座古老的村庄有两座规模宏大的古民居，名叫姜家大屋，分别建于明清两代。明代姜家大屋至今已有 480 年，房子依旧保持着原貌，精致的马腿、华美的雕梁画栋还依稀展示着房子主人当年的富足。“高机与吴三春”的故事就发生在这座高墙宅院里。

（二）精神要素

冲破封建桎梏、追求自由生活的理想

高机与吴三春私奔、殉情，都是以戏剧化的表现形式表达

了受封建桎梏的民众渴望冲破束缚、追求自由的理想。虽然在故事中，最终二人以悲剧结尾，但这一理想和精神诉求流传后世，从而产生了以“高机与吴三春”为主题的不同形式的民间演艺作品。

（三）制度要素

多样的艺术表现形式

“高机与吴三春”传说以不同的艺术形式在浙南民间传唱，不同的表演形式有着不同的艺术风采。汉族长歌《高机别三春》，叙事之中有抒情，抒情之中有叙事，叙事详略得体，情节环环相扣、起伏跌宕、扣人心弦。其中，抒情运用比兴、托物言志、借景抒情等多种手法，将自然风物的客观色彩和人物内心世界的主观色彩巧妙融合，淋漓尽致地表现了主人翁的分别、相思之苦和坚贞不移的意志。汉族长歌《高机别三春》较之其他艺术形式的唱本，要多几分抒情的内容，且抒情每每长段吟唱、长篇抒情，缠绵悱恻，感人肺腑。

鼓词《高机与吴三春》唱本版本多样，不同的艺人所演唱的艺术特色、故事情节也不一致。艺人陈春兰的表演唱词质朴雅致，情节逐层推进；艺人徐邦忠的表演则侧重细节的描写，以细节描写带动故事的推进；艺人王牡丹的表演与陈春兰相比，要多几分铺垫，讲述故事时像讲相声一样常设一些悬念，在解开悬念的同时，推进了故事的发展。鼓词唱本的特点，即唱词优美，有名师加工润色过的痕迹；亦唱亦白，在插叙、旁白、对话、介绍人物和场景时，往往运用长段的道白；在讲述故事的同时，往往能结合故事的推进，长段介绍浙南地区的人文景观。

（四）语言和象征符号

丰富的传说唱本和故事结局

“高机与吴三春”故事传说和戏剧唱词版本极多，比如山歌唱本为《高机别三春》，“唱龙船儿”为《高机织绸》，潮剧是《百鸟图》，花鼓为《高机卖绡》，鼓词、道情和瓯剧的名称有《高机与吴三春》和《织绸缘》，小说《高机与吴三春》再版时又改名为《瓯江怨》，早期的越剧名称为《魂断桃花岭》《血溅桃花岭》《桃花岭》等。此外，据陈玮君的小说《高机与吴三春》创作后记，还有《高机别》

《高机分别》《高机分别全本》《三缘会》《机房会》《楼台会》《麦饼会》《马道双嗔麦饼会》《麦饼赠银》《五凤花鞋赠银记》《卖绡记》等名称。

故事的结局也是多彩多样，或以悲剧警世，或以喜剧悦人，不同的唱本有不同的故事结局。前期的曲艺与民歌唱本，大多以大团圆的喜剧结尾。同样的喜剧唱本，结局又有所不同，有的以高机与吴三春生子育儿高中探花为结尾，有的以高机被温州知府收为义子后热热闹闹迎娶吴三春结尾。后期的戏曲唱本，一般以悲剧为主调，侧重强调高机与吴三春坚贞不移的爱情，大多以吴三春自裁于花轿之中、高机发疯跳入滔滔瓯江为结局，这其中表现出艺术家的思想倾向。

二、核心基因提取与评价

基于对材料的全面、深入分析，得出本文化元素的核心基因表述为：“冲破封建桎梏、追求自由生活的理想”“多样的艺术表现形式”“丰富的传说唱本和故事结局”。

高机和吴三春核心文化基因评价依据

<table>
<tr><th>评价项目</th><th>评价因子</th><th>评价依据（特点）</th><th>是否</th></tr>
<tr><td rowspan="6">生命力评价</td><td rowspan="4">文化基因存续的时间</td><td>自出现起延续至今，未曾明显中断</td><td>√</td></tr>
<tr><td>自出现起延续至今，但多次衰微、中断后复兴</td><td></td></tr>
<tr><td>曾明显衰败，改革开放后开始复兴或历史溯源关键环节缺失，难以考证</td><td></td></tr>
<tr><td>文化形态主体已灭失，现存部分痕迹</td><td></td></tr>
<tr><td rowspan="2">文化基因的稳定性</td><td>在发展过程中保持相当稳定的状态</td><td>√</td></tr>
<tr><td>在发展过程中存在明显的精神内涵、表现形式剧变</td><td></td></tr>
<tr><td rowspan="4">凝聚力评价</td><td rowspan="4">文化基因的凝聚力及社会动员效果</td><td>曾广泛凝聚起区域群体的力量，显著推动过社会经济文化的发展</td><td></td></tr>
<tr><td>曾部分凝聚起区域群体力量，对社会经济文化的发展产生过影响</td><td>√</td></tr>
<tr><td>凝聚过力量，创造过实际的发展动能，但未见对社会经济文化发展产生显著改变</td><td></td></tr>
<tr><td>仅在历史文献或口耳相传中存在，未见实际介入社会经济发展</td><td></td></tr>
</table>

续表

评价项目	评价因子	评价依据（特点）	是否
影响力评价	辐射的范围	具有全国性、世界性的影响力	
		具有长三角区域、浙江省影响力	√
		具有市县、乡镇影响力	
	提炼的高度	已经被古代文人士大夫和当代学者提炼为精神符号和理念理论	√
		单纯的样式、造型、工艺技术规范	
发展力评价	与当代精神追求和价值观念的契合	传统文化基因得到创造性转化、创新性发展；区域革命文化基因被完整继承、广泛弘扬；区域社会主义先进文化基因成为与浙江“三个地”相适应的文化高地	√
		部分转化、部分弘扬、部分发展	
		难以转化、难以弘扬、难以发展	
说明：基因特点评价是对解码出来的基因，根据本《导则》表 2 的要求，围绕“四个力”逐一对表打“√”，进行定性表述			

（一）生命力评价

“高机与吴三春”的故事，源于温州民间传说。早在清代，浙南地区就有该题材完整的道情与龙船曲目，温州乱弹的历史上，也有《高机别》《高机卖绡》等知名的折子戏，它们都是瓯剧史上最重要的传统遗存。20 世纪 50 年代，编剧汤学楚在这些传统折子戏基础上创作了完整的越剧大戏，温州本地编剧何琼玮将同一题材改编为瓯剧大型剧目，是瓯剧《高机与吴三春》的前身。近年来，温州知名剧作家张烈再次重写了这个故事，由知名瓯剧演员、梅花奖得主方汝将和温州市瓯剧艺术研究院院长蔡晓秋共同担纲主演。“高机与吴三春”故事和传说自清代一直传承发展至今，因此，作为其核心基因“冲破封建桎梏、追求自由生活的理想”“多样的艺术表现形式”“丰富的传说唱本和故事结局”自出现起延续至今，未曾明显中断，在发展过程中保持相当稳定的状态。

（二）凝聚力评价

“高机与吴三春”故事讲述了温州织工高机在龙泉吴三春家织作，两人相恋并私奔到温州，后被吴父与官府拆散，产生误会，最终双双殉情自杀。这个传说以山歌、戏剧和道情、鼓词、花鼓、莲花、参龙调、唱龙船儿等曲艺形式在浙南民间广为传唱，叩动了一代又一代温州人的心弦，同时也成了一代又一代温州艺术家不舍得放弃，为之魂牵梦萦、呕心沥血的创作题材。这个传说在温州民间衍生了“高机分别，哭得闹热”的口头禅，在艺术界被称为“不逊色于《罗密欧与朱丽叶》的爱情故事”。可见，“高机与吴三春”已经成为温州地区民俗文化的重要组成部分，因此其核心基因“冲破封建桎梏、追求自由生活的理想”“多样的艺术表现形式”“丰富的传说唱本和故事结局”曾部分凝聚起区域群体力量，对社会经济文化的发展产生过影响。

（三）影响力评价

“高机与吴三春”故事是流传于民间的爱情绝唱，它是一个凄美的传说，它深深叩动了浙南人的心弦，成为温州数代艺术家为之呕心沥血的创作题材。“高机与吴三春”传说是温州人耳熟能详的爱情故事，在被列入浙江省第三批非物质文化遗产保护名录之后，温州地区出版了《高机与吴三春》一书，再次掀起了人们谈论与研究的热潮。“高机与吴三春”通过山歌、道情、花鼓、渔鼓、温州鼓词、布袋戏等不同的形式在浙西南一带的汉族民间广为传唱，还被编写成越剧、瓯剧、婺剧等戏剧和连环画、章回小说等文艺形式流传至台州、杭州及广东的潮州、福建等地。因此，作为“高机与吴三春”的核心基因，“冲破封建桎梏、追求自由生活的理想”“多样的艺术表现形式”“丰富的传说唱本和故事结局”具有长三角区域、浙江省影响力。

（四）发展力评价

“高机与吴三春”的传说是流传于浙南地区民间的爱情故事，它有许多不同的版本。20 世纪 50 年代以来，这个动人的爱情故事引起了艺术家们的关注，1955 年春，上海振奋越剧团将该故事改编成越剧《魂断桃花岭》，首演于中华大戏院，出演时间达一个月。同年冬，剧本经修改后由杭州越剧团演出于杭州新中国剧院。1956 年，原温州师范学校教师陈玮君根据唱词将该故事改写成章回小说《瓯江怨》（又名《高机与吴三春》），同年，剧作家林辰夫、郑伯永再次将“高机与吴三春”的传说故事改编为越剧《桃花岭》在杭州演出，1957 年，温州剧作家何琼玮将这个凄美的故事编成了瓯剧《高机与吴三春》，在浙江省戏剧比赛中获奖，使这一传说故事在浙江艺术界引起了极大的轰动。1958 年，上海电影制片厂著名导演杨村彬到温州了解“高机与吴三春”的传说，并积极策划欲将之拍成电影。20 世纪 80 年代，这个爱情故事又被改编为瓯剧电视剧《高机与吴三春》、新编古装潮剧《百鸟图》。进入 21 世纪，温州瓯剧团编剧张烈写了一个折子戏《桃花岭》，即原《高机与吴三春》的结尾部分，二人在桃花岭上双双殉情，苍南籍瓯剧演员蔡小秋饰吴三春。此剧曾在中央电视台戏曲频道播出，好评如潮。因此，“高机与吴三春”故事以各类文学、艺术形式在温州地区传播，而且，其核心基因“冲破封建桎梏、追求自由生活的理想”“多样的艺术表现形式”“丰富的传说唱本和故事结局”与当代精神追求和价值观念契合，具有创造性转化、创新性发展的潜力。

三、核心基因保存

“冲破封建桎梏、追求自由生活的理想”“多样的艺术表现形式”“丰富的传说唱本和故事结局”作为高机与吴三春的核心基因，《瓯剧复兴的标志》《从高机卖绡到高机与吴三春》《高机与吴三春传说》等5项文字资料保存于平阳县文化基因解码调查组资料库，另外，出版物和古文古籍有《瓯剧史》《高机与吴三春》。

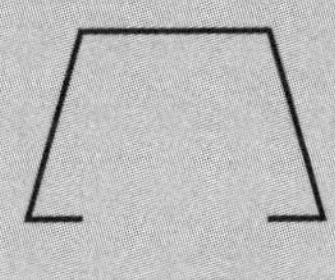

平阳畲族习俗

腾鳌拓海　平阳文化基因

平阳畲族节日活动

畲族是我国少数民族之一，分布在我国七省 80 多个县市内的部分山区，其中 90% 以上居住在闽浙的广大山区，浙江省畲族人口多达 17 万人，占全国畲族人口的 27.38%，仅次于福建省。在温州市平阳县有畲族世代定居，分布于青街、顺溪、维新、怀溪、闹村等乡镇，其中青街是平阳县唯一的畲族乡。平阳畲族民俗较为丰富，包括畲族祭祖舞、畲族对歌、畲族婚俗、畲族三月三等。如今，畲族民俗已经成为平阳地方民俗文化和旅游的重要组成部分。

畲族祭祖舞的舞蹈内容着重驱邪赶鬼，祈求平安吉庆，以及超度亡灵早升天界。祭祖舞蹈在正月祭祖时举行，模仿当年祖先拿着各种工具边哭边赶鸟兽的动作，拿起神刀赶兽，吹响龙角招魂，击檀板驱鸟，也不让他族人观看，舞蹈者念唱用畲族口语，唱词深奥难解，重复循环进行。现在的畲族祭祖舞淡化了原先的悲壮色彩，娱乐的成分加重，过去濒临失传的舞蹈样式得以恢复,并焕发出新的生机。

畲族对歌是畲族人民在生产、生活斗争中创作的口头文学，是畲族传统文化的重要组成部分。畲族对歌采用纯音清唱，很少配乐或伴奏动作，歌唱形式有独唱、对唱、齐唱等。畲族歌曲调因地区不同而有不同的调，轻声细语，词曲整齐，歌调婉转，多采用二声部重唱的唱法，畲族称“双条落”。畲族民歌主要依靠口口相传，部分民歌以汉字畲语记录的手抄本流传民间。畲族对歌体现了中华民族音乐文化的完整性和多样性，具有较高的学术研究价值。

畲族的婚姻习俗具有鲜明的民族特色。畲族男女双方婚姻自古以来不受父母干涉，成婚时，女方与男方两家亲戚朋友，在族长的主持下，互相唱歌问答，用红轿接送或新郎上门迎亲。新娘上门先拜祖宗挂图、次拜天地。一面欢宴宾客，一面新郎新娘相携入山至极幽邃之处，恣情谈笑，尽一日之欢而归，夫妇名义即告成立。畲族主要婚姻有四种方式——女嫁男方、男嫁女方、两头亲、子媳缘亲。按照畲族习俗，姑娘出嫁前通过哭唱的方式（俗称哭嫁），以歌代言，叙说父母的养育之恩，诉说骨肉间的离别之情。哭嫁歌表现形式灵活多变，收放自由。

农历三月初三是畲族人民的传统节日，畲民对它的重视程度可与春节相媲美。在平阳县，畲族三月三的习俗每年举行，是日，畲乡家家户户宰杀牲口，祭祀祖先。除此之外，畲民也多选择这天作为男女定情与婚配的日子。相传唐代畲族起义军曾兵败退入深山，因缺乏粮草而采食一种称为“乌稔”的乌色野果充饥，军威大振，于三月初三冲出包围。以后每年三月三畲民都要采乌稔叶煮出汁水，拌入米中烧饭，以示纪念，做乌饭、吃乌饭因而成为三月三一项重要的活动。夜幕降临以后，畲民还要举办篝火歌会，会上互相对歌，表演传统歌舞及龙灯舞、狮子舞、鱼灯舞、火把舞等，同时还要举行传统的畲族体育竞技活动。畲族三月三是维护畲民团结的重要纽带，在加强畲汉民族团结方面也发挥着重要的作用。畲族没有文字，三月三对歌时要求以畲语演唱，客观上起到了保护畲语的作用。节日期间，畲族男女老少都穿上民族盛装，客观上也有利于民族服饰的保护传承。

近年来，平阳县高度重视少数民族地区的经济和社会发展，深入实施“共同跨越六大行动”，加快推进少数民族低收入群众增收帮扶、民族特色村寨建设等工作。以畲族风情为内容的旅游节会每年定期举行，成为民族友谊的彩带、合作的载体，进一步打响了平阳民族民俗文化旅游品牌，加快推动民族地区经济社会建设和旅游产业化“双推进、双融合”发展。

一、要素分解

（一）物质要素

1. 风景秀丽的少数民族乡

青街畲族乡是平阳县唯一的少数民族乡，位于温州市南部，平阳县西南部山区，距水头镇 17 公里，距温州市区 85 公里，距县城昆阳镇 36 公里。青街畲族乡总面积 21.77 平方公里，具有独特的民族文化和民俗风情。青街畲族乡因水成街，以林聚水，青山叠翠，四水环绕。枕青山，环青溪，面竹屏，是青街畲族乡的特色。青街畲族乡盛产毛竹，远近闻名，当地种植毛竹已有 300 多年的历史，四季产笋，是平阳的主要产笋地，素有“竹海畲乡、生态家园”的美誉。青街畲族乡拥有 1250 多年的历史，至今仍保留着传统乡土村落的风貌格局和明清建筑物，其中李氏大屋、池氏大屋被列为省级文物保护单位。在青街畲族乡，“三月三”是畲族的传统节日，畲民们自晨至暮，集会对歌，吃乌米饭，驱邪祈福。

2. 绣艺精妙的畲族刺绣

平阳畲族刺绣，是用彩色丝、绒、棉线，在绸、缎、麻葛、布帛等底布上借助针的运行穿刺，从而构成花纹、图像或文字，绣艺精妙，针法繁多。畲族刺绣的作品民族特征显著，体现了畲族的民族风格。刺绣的工艺流程包括凳架、空棚架、构稿、劈线、挑色分线、刺绣、剪线头等。凳架，即放置刺绣棚架的搁凳；构稿，即刺绣前要把画稿构摹到一块丝织面料上；劈线，即刺绣时要把一根丝线劈成 11 根细线，每根细线仅为头发的 1/4 粗细。刺绣图案丰富多彩，如结桃的桃树上飞翔着蝙蝠，称为“福寿双全”；莲花里或上边有鲤鱼，寓意为“连年有余”。

3. 精美华贵的畲族服饰

畲族服饰历史悠久。旧时男装为直襟黑色麻衣短裤，女装为蓝色麻布大襟长袖。畲族妇女衣领袖口和右襟多镶花边，花边宽纹的是中青年妇女的服装，花边窄纹的是老年妇女的服装，且裤脚镶有锯齿形花纹，束黑色绑腿。现今畲族服饰一般是上衣黑色大襟右衽、矮领，领口、袖口有红色花纹图案。衣服后面长于前裾，衣襟两侧开衩，右侧内襟有一小口袋。衣襟从中至右侧一部分绣有色彩艳丽、或花鸟、或其他形状的图案，周围围以齿纹状纹样。袖端缀以红边或红绿相间之布条，亦有作六角形者。衣服用料一般选用苎布，绣工精美华丽，内容有凤、牛羊等各式花边图案。袖口及衣内缘滚红边，领及襟角有简单纹饰，通身使用布扣。女装裙为黑色，长过膝，上沿有白边，两侧边缘滚有红绿布边，上饰黑折。

4. 朴素美观的畲族彩带

世代相传的彩带是畲族最具民族特色的一种工艺品，有着广泛的群众基础，许多畲村畲寨至今仍有保留。彩带的用途广泛，可当裤带、腰带、拦腰带、刀鞘带等实用品，也可作珍藏品。以往，彩带是男女的定情信物，彩带织得是否精细，往往是衡量畲族姑娘是否心灵手巧的标准。在畲族情歌中有专门的《带子歌》：“蝴蝶成双翅膀翘，彩带一条束郎腰，太短娘女接上织，太长连娘一起绕。”编织畲族彩带时需用经纬线。畲族妇女利用中间的黑经线，一层白一层黑挑织成各式花纹、图案或文字，在图案的两边和彩带边上都放上几根彩色经线，边彩线与中彩线之间全白，经线多少由彩带的宽窄而定。传统彩带纹饰部分是以黑白两色织就，简洁朴素，对比鲜明，纹饰清晰。现今彩带两侧辅以对称的彩色经线，颜色艳丽，赋予彩带美好活泼之感。传统彩带之所以以黑白为主色，与当时畲族人民主要用天然染料——青靛浸染原料有关，且黑色耐用易清洗，是最为实用的颜色。织彩带的工具只需简单的织带架，甚至只要三条长约 20 厘米、直径 5 厘米左右的圆竹竿就能编织。

（二）精神要素

淳朴平实的对歌精神

对歌题材广泛。有民族史、传奇、人物故事、劳动生产、日常生活、情歌等。如《高皇歌》，讲述龙麒（畲族始祖）立功助高辛帝杀番王，衍生盘、蓝、雷姓等。类似这样的史诗类长歌，往往是“少娘”与“表兄（弟）”互相接唱，共同对始祖进行缅怀。又如《蓝玉蒙冤》，讲述了明代畲族人蓝玉为朱元璋立功，被封为“凉国公”，后又被朱元璋妒才陷害“灭九族”，甚至从此禁了畲族人的科举、读书。这首长歌也可以说是畲族民族史的一部分。当然，人物、传奇故事的歌，也不限于畲族的传说及人物，如《梁山伯与祝英台》等，就是根据汉族民间故事或戏文编唱，但这类歌曲较长，一般也多为半农半艺的歌手所掌握。在“少娘”与“表兄（弟）”的歌唱中，有人会有选择地唱这些歌的片段，为“对歌”助兴。劳动生产、日常生活题材的歌演唱最多。如劳动生产，种田有《作田歌》，采茶有《摘茶歌》，牧牛有《牛子吟》，砍柴有《砍柴歌》，种薯有《答薯歌》等。又如一些生活礼仪、道德修养、劝诫等，如《敬茶歌》，讲述如何以茶待客。畲族居住于山地，过去较为闭塞，若有外来客人，不分民族、贫富，村民都非常高兴，若能唱歌，则更受欢迎。“茶叶虽细礼是大，未曾端酒茶端来”，反映了畲族人民十分好客的民族性情。又如《心平气和》歌，则要求为人要善良，处事要心平，胸怀要开阔，待人要和蔼，做事要谨慎，莫作歹、莫贪心、莫盛气、莫听流言蜚语，“五湖四海缘朋友”。再如《宝贝歌》，是唱畲族人心目中的十样宝贝：一是稻禾，二是笔墨，三是铁器，四是树木，五是豆菽，六是棉麻，七是火，八是盐，九是茶，十是人。从畲家所认为的这十样“宝贝”来看，既无金银，更无珠宝，以笔墨、火、铁器、盐等为“宝贝”，足可见畲族人民的淳朴与平实。

（三）制度要素

1. 清越动听的畲族对歌

畲族对歌在演唱中往往是纯音清

唱，很少配乐或伴奏。畲族歌唱形式有独唱、对唱、齐唱等。其中无伴奏的山歌是畲族人民最喜爱的一种音乐形式。畲族歌曲调因地区不同而不同。纵观畲族歌曲，以轻声细语为特色，在词曲结构方面，歌调比较整齐，多7字一句，4句成一段（又称为一条）。一首民歌，少则1—2条，多则7—8条；调式多为五声性调式，宫、商、角、徵、羽五种调式都有，其中商调式分布最广，角调次之，徵、羽、宫调式再次之。畲族人民擅长二声部重唱的唱法，人们称之为“双音”，畲族称“双条落”。畲族民歌是畲族人民在生产、生活斗争中创作的口头文学，是畲族人民智慧的结晶，是畲族传统文化的重要组成部分，多数民歌作品储存于畲民头脑之中，通过口头代代相传，部分民歌以汉字畲语记录的手抄本流传民间。畲族歌言主要体现了中华民族音乐文化的完整性和多样性。另外，畲族歌言文化具有较高的学术研究价值。

2. 民族特色鲜明的婚俗

畲族的婚姻习俗是：“天地同体为夫妇，兰雷钟李一家亲，做亲不分贫与富，对歌联缘结婚姻。”男女双方婚姻自古以来不受父母干涉，不用生辰八字之约束。要成婚时，女方与男方两家亲戚朋友，在族长的主持下，分坐成两排，互相唱歌问答，用红轿接送或新郎上门迎亲。新娘上门先拜祖宗挂图、次拜天地，一面欢宴宾客，一面新郎新娘相携入山幽邃之处，恣情谈笑，尽一日之欢而归，夫妇名义即告成立。畲族主要婚姻有四种方式：一为女嫁男方，俗称“扛婆娘”；二为男嫁女方，称“喊子”“认崽”，也叫“抬儿子”；三为两头亲，亦称“种两头田”，一般男女双方均为独生子，头生孩子母姓，次子为父姓；四为子媳缘亲，即童养媳或童养子，成人后完婚，如果一方不愿，可另嫁。不管男女出嫁，陪嫁品为犁、耙、锄头和笠帽、棕衣等五大件，另外有谷、豆、花生等种子。按照畲族习俗，姑娘出嫁前通过哭唱的方式（俗称哭嫁），以歌代言，表情达意。哭嫁歌包括《哭爹娘》《哭哥嫂》《哭母舅》《拜祖宗歌》等，如泣如诉的哭嫁歌，叙说父母的养育之恩，诉说骨肉间的离别之情。哭嫁歌表现形式灵活多变，收放自由。

3. 古朴传统的“三月三”节日

三月三是平阳畲族的传统节日，

他们每年在这一节日里举行盛大歌会，并祭祖先拜谷神，载歌载舞，热闹非凡。此外，三月三习俗还包括吃乌米饭以缅怀祖先、款待来客，故“三月三”又称“乌饭节”。“三月三”是畲族重要的民族节庆活动，2008 年被列入第二批国家非物质文化遗产名录。这一天，畲族人民会编彩带、唱对歌、跳竹竿舞、吃乌米饭，载歌载舞过节。近年来，每年的“三月三”，温州都会举办瓯越“三月三”畲族风情旅游节，将其打造成温州市畲族文化的重要品牌和载体。瓯越“三月三”畲族风情旅游节分别由畲族聚居的泰顺、文成、苍南、平阳等四地轮流举办。

4. **古老神秘的祭祖舞**

畲族祭祖舞的表演动作简单粗犷，舞姿模仿当年祖先拿着各种工具边哭边赶鸟兽的动作：拿起神刀赶兽，吹响龙角招魂，击檀板驱鸟。一般由 2—4 人表演，多者可达数十人。他们身穿赤衫，头戴莲花冠，手拿铃刀、鼓角或杨梅刀，边舞边唱。祭祖舞音乐伴奏以打击乐为主。打击乐器包括铃刀、皮鼓等，根据不同角色分别运用打击乐器和吹管乐器。伴奏由演员自己担任，边舞边打，边唱边吹。整个音乐气氛悲愤，节奏强烈明快。各曲按情节需要，使用不同的乐器。表演时，舞者所采用的道具、着装有鲜明的畲族特色，其独特的表演形式更是给畲族传统舞蹈披上了神秘的面纱，让人感受到畲族独具魅力的民族文化。

二、核心基因提取与评价

基于对材料的全面、深入分析，得出本文化元素的核心基因表述为：“清越动听的畲族对歌”“民族特色鲜明的婚俗”“古朴传统的三月三节日”。

平阳畲族习俗核心文化基因评价依据

<table>
<tr><th>评价项目</th><th>评价因子</th><th>评价依据（特点）</th><th>是否</th></tr>
<tr><td rowspan="6">生命力评价</td><td rowspan="4">文化基因存续的时间</td><td>自出现起延续至今，未曾明显中断</td><td>√</td></tr>
<tr><td>自出现起延续至今，但多次衰微、中断后复兴</td><td></td></tr>
<tr><td>曾明显衰败，改革开放后开始复兴或历史溯源关键环节缺失，难以考证</td><td></td></tr>
<tr><td>文化形态主体已灭失，现存部分痕迹</td><td></td></tr>
<tr><td rowspan="2">文化基因的稳定性</td><td>在发展过程中保持相当稳定的状态</td><td>√</td></tr>
<tr><td>在发展过程中存在明显的精神内涵、表现形式剧变</td><td></td></tr>
<tr><td rowspan="4">凝聚力评价</td><td rowspan="4">文化基因的凝聚力及社会动员效果</td><td>曾广泛凝聚起区域群体的力量，显著推动过社会经济文化的发展</td><td></td></tr>
<tr><td>曾部分凝聚起区域群体力量，对社会经济文化的发展产生过影响</td><td>√</td></tr>
<tr><td>凝聚过力量，创造过实际的发展动能，但未见对社会经济文化发展产生显著改变</td><td></td></tr>
<tr><td>仅在历史文献或口耳相传中存在，未见实际介入社会经济发展</td><td></td></tr>
</table>

续表

<table>
<tr><th>评价项目</th><th>评价因子</th><th>评价依据（特点）</th><th>是否</th></tr>
<tr><td rowspan="5">影响力评价</td><td rowspan="3">辐射的范围</td><td>具有全国性、世界性的影响力</td><td>√</td></tr>
<tr><td>具有长三角区域、浙江省影响力</td><td></td></tr>
<tr><td>具有市县、乡镇影响力</td><td></td></tr>
<tr><td rowspan="2">提炼的高度</td><td>已经被古代文人士大夫和当代学者提炼为精神符号和理念理论</td><td></td></tr>
<tr><td>单纯的样式、造型、工艺技术规范</td><td>√</td></tr>
<tr><td rowspan="3">发展力评价</td><td rowspan="3">与当代精神追求和价值观念的契合</td><td>传统文化基因得到创造性转化、创新性发展；区域革命文化基因被完整继承、广泛弘扬；区域社会主义先进文化基因成为与浙江“三个地”相适应的文化高地</td><td>√</td></tr>
<tr><td>部分转化、部分弘扬、部分发展</td><td></td></tr>
<tr><td>难以转化、难以弘扬、难以发展</td><td></td></tr>
<tr><td colspan="4">说明：基因特点评价是对解码出来的基因，根据本《导则》表 2 的要求，围绕“四个力”逐一对表打“√”，进行定性表述</td></tr>
</table>

（一）生命力评价

“清越动听的畲族对歌”是畲族人民在生产、生活斗争中创作的口头文学，是畲族人民智慧的结晶，是畲族传统文化的重要组成部分，多数民歌作品储存于畲民头脑之中，通过口头代代相传。“民族特色鲜明的婚俗”则自古以来沿袭至今，婚礼对歌、哭嫁等习俗在畲族婚礼中依然存在。“古朴传统的三月三节日”在温州瓯越“三月三”畲族风情旅游节中得到传承和发扬，还被打造成温州市畲族文化的重要品牌和载体。

（二）凝聚力评价

畲族对歌体现了中华民族音乐文化的完整性和多样性，具有较高的学术研究价值，它在畲族民众的生产生活中扮演着重要的角色，在婚礼、节庆等过程中都要用到对歌，因此它是畲族民俗文化的重要组成部分。“民族特色鲜明的婚俗”“古朴传统的三月三节日”则充分体现了畲族的婚俗文化和节庆文化，畲族民众通过婚姻关系繁衍子嗣，通过丰富多彩的节庆活动增加个体间和家庭间的交流，增强身份认同感，从而增强了内部凝聚力，促进了社会经济文化的发展。

（三）影响力评价

畲族是中国少数民族之一，分布在闽、浙、赣、粤、黔、皖、湘七省80多个县（市）内的部分山区，其中90%以上居住在福建、浙江广大山区。对歌、独特的婚俗、三月三节日是畲族人民延续了千年的习俗，在每年定期举行的畲族风情旅游节会中成为民族友谊的彩带、合作的载体，成为全国各地少数民族民俗文化的旅游品牌，因此在全国各地都有影响。

（四）发展力评价

近年来，平阳县高度重视少数民族地区的经济和社会发展，加快推进少数民族低收入群众增收帮扶、民族特色村寨建设等工作，并以畲族风情旅游节会作为友谊的彩带、合作的金桥，进一步打响平阳民族民俗文化旅游品牌，加快推动民族地区经济社会建设和旅游产业化“双推进、双融合”发展。以“清越动听的畲族对歌”“民族特色鲜明的婚俗”“古朴传统的三月三节日”为代表的畲族民俗在此背景下可以作为当地畲族文化的核心要素，转化为优质的旅游和文化产品，在创造经济效益的同时延续、推广少数民族文化。

三、核心基因保存

“清越动听的畲族对歌”“民族特色鲜明的婚俗”“古朴传统的三月三节日”作为平阳畲族民俗的核心基因，《畲族刺绣》《畲族婚俗》《畲族民歌》等6项文字资料保存于平阳县文化基因解码调查组资料库。畲族刺绣、畲族服饰、畲族彩带等实物资料保存于平阳县青街。

顺溪屋，青街竹

腾鳌拓海　平阳文化基因

顺溪屋，青街竹

顺溪民居

顺溪地处平阳县西部山区，位于鳌江上游的群山环抱之中，距县城55公里，西临文成县，西北接山门镇，东北与南雁镇相连，东南与青街乡接壤，南则与苍南县相邻。根据一部康熙年间的老宗谱记载，这个山区集镇兴起于明隆庆年间。陈氏宗谱中记载：陈姓始迁祖陈育球率族人先在顺溪落户，至陈嘉询时，大兴土木，营建大屋，其孙长大后有五人从祖屋分出，重建大屋，每幢屋的样式和祖屋相似，唯面积有大小之别。

现存的顺溪古建筑群，主要为清初陈嘉询及其后人所营建。

陈氏迁徙至顺溪百余年之后，传至陈嘉询时开始营造第一座大屋——陈氏祖屋。其子陈永千育有七子：陈显仁、陈安仁、陈为仁、陈作仁、陈深仁、陈景仁、陈崇仁。七子中除陈深仁和陈景仁外，均从祖屋分出，各立门户。他们择地建造大屋，其样式皆似祖屋，唯面积大小有别。计有陈氏祖屋、老大份大屋、老四份大屋、老七份大屋、老二份大屋、新大份大屋、新二份大屋和陈氏宗祠 8 座，其他支派于溪北村建造陈迢岩大屋和陈有相大屋，共计 10 座大屋。它们皆沿溪而筑，布局恢宏，体量巨大，构建精巧，是浙南温州地区古代民居建筑体系的重要类型之一，素有"浙南清中晚期民居博物馆"之美誉。"青街竹，顺溪屋"，这句流行于平阳民间的古老谚语是其真实的写照。

现存的大屋中以祖屋为最大，建筑面积 4200 余平方米，以中轴线为主体，依次建门台、前厅、中厅和后厅，两侧横厢均有走马楼、厢台，厢后又有廊厢别院，庭院毗连，回廊紧接，四周筑以高墙。计有大小天井 6 处，套房 99 间。门台以方整块石垒底，上砌长条白石，悬山顶，铺青筒瓦。前厅为九开间木构平房，梁架为穿斗抬梁混合结合；屋面为悬山顶，正脊两端饰飞吻。

2016 年，第四批中国传统村落名录名单在住房城乡建设部网站公示，顺溪村落被列入第四批中国传统村落名录。2019 年，顺溪镇入选第七批中国历史文化名镇。

一、要素分解

（一）物质要素

1. 以大开间、多院落、大天井为特征的建筑群

顺溪古建筑群建筑规模宏大，布局颇具特色，运用了大开间、多院落的组合。顺溪古建筑群以规模大而称名于当地，这个“大”不在于建筑单体的体量，而主要体现在大开间、多院落上面。多数大屋正厅开间在 9 间以上，陈氏老四份大屋的开间更达 11 间。各厅明间作为家庭活动的聚会之所，面阔明显大于其余各间，如陈氏祖屋正厅明间面阔达 6.55 米。古屋的另一特色体现在大天井的运用上，如陈氏老四份大屋中的天井长 16.82 米，宽达 11 米；陈氏老大份大屋的天井长达 17.20 米，宽达 11.30 米。但是大天井并非一览无余，有的院落又在大天井中砌造两道隔墙，适当地分隔空间，造成一定的私密性。隔墙上采用大漏窗，使庭院空间同时保持一定的联系。大天井的设置有利于民居中的采光与通风。

2. 保存南宋遗风的木作

顺溪古建筑群较多地保存了宋代民间木作遗风，堪称古代木作的“活化石”。顺溪大屋中的许多建筑构件保留着北宋崇宁二年（1103）由官方刊发的建筑典籍《营造法式》上的做法，如祖屋中轴线上的上昂构造，老四份的“断砌造”门台，大量

使用的高脚斗，山面或内部隔断上端使用的竹编壁，前廊使用的骑廊轩，厅堂明间保留的挑斡做法等，让我们有幸见证了古老的木作。究其原因，南宋时江浙一带空前繁荣，顺溪虽处浙南深山腹地，但也颇受主流文化影响，其中顺溪陈族开放兼容的处世哲学起到关键作用。到了元代，江南中心地带的经济文化遭受了重大破坏。至明清，政治、经济、文化中心随明朝迁都北移，而顺溪因偏于深山一隅，又处于相对封闭的小农经济环境里，社会文化出现“迟滞”现象，从而使一些古老的传统建筑手法和民居形态得以保存至今。

（二）精神要素

1. 注重生态和环境规划的选址理念

顺溪古建筑群的选址体现了生态意识和环境规划意识。北面高山耸立，南面溪流曲折而过，北部高山在冬季可以抵挡寒冷的空气进入谷地，南面的溪流又提供了人们生产、生活的便利。整个区块东西狭长，南北窄短。陈氏古建筑群所在的这片山坳，形状像一只大船，西侧有秀丽的画眉峰，似一个高耸入云的等腰三角形，是这只大船的桅杆，寓意“一帆风顺”。《增修家乘序》载：“吾高祖明山公今居大吞攀龙，逮三传育球公，经营四方，客游顺溪，相土宜而觇物产，遂创山业田园，挈家室而居矣。”这与很多族谱中所载的“卜居”是一个概念，虽然含有不科学的成分，但却朴素地流露出崇尚自然、强调自然界与人和谐共处的思想。

2. 耕读传家的传统

顺溪陈氏虽远居偏僻山区，仍不忘“耕读传家”的传统。顺溪陈氏属昆阳凤凰山陈氏分支，历史上向来重视诗书礼乐的教育，把读书进入仕途作为光宗耀祖、提高家族地位的美事。宋哲宗元祐七年（1092），陈氏六世祖陈舜韶把凤凰山山下 50 亩土地献作县学基地，成为陈氏流传至今的一段佳话。宋朝时期，陈氏后裔更是人才辈出、科第不绝。顺溪始祖陈育球的从祖父，曾仕福建兴化府儒学，晚年回乡讲学，学生中不乏科第出身。

早在清乾隆年间，顺溪陈氏文风已盛，创办了书院和私塾。光绪年间，著名实业家、慈善家陈少文在会文书院开办初等教育班，邀请名师为青年学子讲授经史。他还购置、征集了图书一万多册，供邻近少年学习文化知识之需，各地在校生也利用寒暑假来此进修。戊戌变法后，陈少文受新思潮影响，积极兴办新学，于光绪二十七年（1901）开办“益智高等女学校”，开创平阳文风之先河。这是平阳最早的女子学校，比 1905 年创办于县城的“毓秀女子学堂”早了 4 年。光绪三十二年（1906），三房大份秀才陈圣概东渡日本求学。此外，顺溪陈氏还有不少人在清代科举考试中得中贡生、秀才、武生和京都国学的监生。在这偏僻的山乡，涌现不少文儒武杰，实属难得。清代以来，更有莘莘学子游学四方，人才辈出。

（三）制度要素

以围合式四合院为建筑样式

大屋古建筑的样式、布局相似，以围合式四合院为建筑组群构成基本单元，再向纵横方向发展拼接组成，形成多进或多轴线的封闭性院落。四合院以中心纵轴为主，横轴为副，沿中轴线自东向西依次建有前厅、中厅、后厅。厅与厅之间南北两侧分置厢房，厢后又有廊厢别院。这些院落分则独立成院，合则浑然一体。虽然建筑四面围合，但院墙较低，多取用溪滩的蛮石垒砌，整体具有一定的开敞性。各院落之间均设有通廊，即便是雨天也可在各屋间穿梭自如。结构上，梁架以穿斗式结构为主，局部结合抬梁式结构，展示通身木构架，呈现出质朴的美。建筑就地取材，用料粗大，尽显大家风范。建筑出檐深远，一般有 2 米，老大份大屋更达到 2.3 米。底层廊后多使用通排的隔扇门，厅堂的隔堂板处也用隔扇门，后檐柱间则采用直棂窗。厅、厢所有门窗、隔扇，都可以拆卸，每逢大喜吉庆，全部敞开连成一片。顺溪大屋大多为楼居，其二楼前檐设轩廊，俗称“走马楼”，并做拼花美人靠，设计别具一格，展现了浙南民居的地域特色。大屋严格区别内外，尊卑有序，讲究对称，对外隔绝，自有天地。正厅明间开间最大，通常设祖先神位，主要用于祭祀、丧礼、婚嫁或重大宴会。正厅供主人会客及长辈居住，左右厢房则由晚辈居住，前厅设客房，次要建筑主要设有贮藏室、厨房、厕所等，这一布局体现了明显的传统宗法制度特色。

（四）语言和象征符号

题材广泛、自然质朴的雕刻图案

顺溪陈氏大屋几乎所有的木构件上都有雕刻，用“无木不雕”来形容绝非夸张。木雕题材广泛，涉及历史故事、戏曲人物、宗教神话、名胜古迹、山水花卉、几何纹饰等，这些木雕几乎都不事彩绘，显露出木头的天然肌理、质感以及岁月为它们涂上的色泽。门窗、格扇雕刻相对较为精致，绦环板多雕刻山水、花木、飞禽、走兽、人物、博古等多种形式。格心样式繁多，以宫式格为主，中间有的穿插有“福”“寿”字，有的饰有小花件。裙板浮雕有如意纹、回形纹等图案。斗拱构件及梁架多有雕刻，如有的部位将斗拱雕刻成花瓣的形状，月梁的梁头往往浅浮雕出卷草、夔龙等图案，承单步梁的瓜柱下端被艺术化地处理成多段弧线。这些雕刻线条流畅、工艺精细、惟妙惟肖。顺溪大屋中至今还保留了大量的匾额，如“宾席春晖”“洁择修龄”“萱荫恒春”“贞寿衍祥”“名端金玉”等，它们包含了门第荣耀、善待宾客、洁身长寿、耕读传家等内容，既夸耀了家族的昔日繁华，又蕴含着深厚的教化作用，成为顺溪历史源远流长的实物见证。此外，各种石雕、砖雕、浮雕也较为精美，这为处于深山之中的古屋增添了几分绚丽的色彩。

二、核心基因提取与评价

基于对材料的全面、深入分析，得出本文化元素的核心基因表述为："耕读传家的传统""注重生态和环境规划的选址理念""以围合式四合院为建筑样式"。

顺溪屋，青街竹核心文化基因评价依据

评价项目	评价因子	评价依据（特点）	是否
生命力评价	文化基因存续的时间	自出现起延续至今，未曾明显中断	√
		自出现起延续至今，但多次衰微、中断后复兴	
		曾明显衰败，改革开放后开始复兴或历史溯源关键环节缺失，难以考证	
		文化形态主体已灭失，现存部分痕迹	
	文化基因的稳定性	在发展过程中保持相当稳定的状态	√
		在发展过程中存在明显的精神内涵、表现形式剧变	
凝聚力评价	文化基因的凝聚力及社会动员效果	曾广泛凝聚起区域群体的力量，显著推动过社会经济文化的发展	√
		曾部分凝聚起区域群体力量，对社会经济文化的发展产生过影响	
		凝聚过力量，创造过实际的发展动能，但未见对社会经济文化发展产生显著改变	
		仅在历史文献或口耳相传中存在，未见实际介入社会经济发展	

续表

评价项目	评价因子	评价依据（特点）	是否
影响力评价	辐射的范围	具有全国性、世界性的影响力	
		具有长三角区域、浙江省影响力	
		具有市县、乡镇影响力	√
	提炼的高度	已经被古代文人士大夫和当代学者提炼为精神符号和理念理论	
		单纯的样式、造型、工艺技术规范	√
发展力评价	与当代精神追求和价值观念的契合	传统文化基因得到创造性转化、创新性发展；区域革命文化基因被完整继承、广泛弘扬；区域社会主义先进文化基因成为与浙江“三个地”相适应的文化高地	√
		部分转化、部分弘扬、部分发展	
		难以转化、难以弘扬、难以发展	
说明：基因特点评价是对解码出来的基因，根据本《导则》表 2 的要求，围绕“四个力”逐一对表打“√”，进行定性表述			

（一）生命力评价

顺溪陈氏，原本是平阳县城昆阳附近大岙底的凤凰山陈姓大族的一支。明隆庆年间（1567—1572），顺溪陈氏 20 世祖陈育球举家从鳌江下游迁至顺溪定居。陈氏迁徙顺溪百余年之后，传至清初陈嘉询一代，开始大兴土木营建大屋。陈嘉询子陈永千育有七子：陈显仁、陈安仁、陈为仁、陈作仁、陈深仁、陈景仁、陈崇仁。经过历代百余年的苦心经营，陈氏一族积聚了大量的财力和物力，在顺溪开始了大规模的营建活动。陈永千七子中除陈深仁和陈景仁外，均从祖屋分出各立门户，择地建造大屋。留存至今的顺溪古建筑群主要为陈嘉询支派所营建，计有陈氏祖屋、老大份大屋、老四份大屋、老七份大屋、老二份大屋、新大份大屋、新二份大屋和陈氏宗祠 8 座，加之其他支派于溪北村建造陈迢岩大屋和陈有相大屋，共计10座大屋，总建筑面积达28494平方米。如今的顺溪古建筑群已成为南雁荡山顺溪景区不可多得的文化景观。

（二）凝聚力评价

陈氏一族耕读传家，极重视家族子弟教育，热心地方教育事业。宋哲宗元祐七年（1092），陈彦才父率族人将凤凰山山下50亩陈氏世居的土地献出作为县学教育场所，此举对历史上平阳的教育事业作出了重大贡献，陈彦才父即陈氏六世祖陈舜韶。民国《平阳县志》：“学宫，晋太康年间始建，唐初在证真院南即今广福宫地，宋元祐间迁于县治东南三里凤凰山下，令沈悚相视为宜，因建焉。绍兴中南徙安阳，去治十里余，后因道远乃复元祐旧址。其地系陈氏世居，宋时科第不绝，陈彦才父率族人献之，计五十亩。”顺溪陈氏虽从凤凰山下迁出，远居僻远山区的顺溪，但耕读传家的优良传统仍很好地继承了下来。清乾隆年间，顺溪陈氏文风大盛，创办了书院和私塾。清光绪九年（1883），陈少文在会文书院重开讲席，创办初等教育班，光绪二十四年（1898），在顺溪创办平阳县第一所女学“益智高等女学校”。可见，陈氏一族以顺溪的家族建筑为载体，开展地方文教事业，对地方经济文化的发展作出了巨大的贡献。

（三）影响力评价

顺溪古建筑群体现了中国传统的宗族意识和风水观念，陈氏大屋亦如此，这在乾隆顺溪陈氏家谱中也有所反映。正是顺溪山水秀美，才使顺溪始祖陈育球选中了这片山峦重叠的穷乡僻壤，并相信他们居住的山坳是块难得的风水宝地。

中国古代的传统建筑大多坐北朝南，东南一带民居建筑的朝向亦大多如此，这是由特定的地理条件所决定的，而顺溪大屋的大部分建筑为坐西朝东，也应了“一帆风顺”这句话。顺溪村落在早年时不建石板桥，来往行人用的是碇步，也没有水井。他们的理论是石板压在船身，不利行船，而挖口水井，等于把船凿个洞。

顺溪古建筑群以规模大而著称于当地，这个“大”不在于建筑单体的体量，而主要体现在大开间、多院落上面。多数大屋正厅开间在9间以上，各厅明间作为家庭活动的聚会之所。因此，自古以来，顺溪陈氏古建筑群是顺溪当地的文化、教育的重要场所，陈氏一族作为当地的名门望族，他的家庭活动以及教育活动都在陈氏建筑群中开展，带动了顺溪当地的文化事业，亦将“耕读传家的传统”“注重生态和环境规划的选址理念”“以围合式四合院为建筑样式”延续至今，具有一定影响力。

（四）发展力评价

顺溪古建筑群较多保存了宋代民间木作遗风，堪称古代木作的“活化石”。究其原因，南宋时江浙一带空前繁荣，顺溪虽处浙南深山腹地，但也颇受主流文化影响。到了元代，江南中心地带的经济文化遭受了重大破坏。至明清一代，政治、经济、文化中心随明朝迁都北移，而顺溪因偏于深山一隅，又处于相对封闭的小农经济环境里，社会文化出现“迟滞”现象，从而使一些古老的传统建筑手法和民居形态得以保存至今。

顺溪古建筑装饰精致，雕刻别出心裁。陈氏大屋的几乎所有木构件上都有雕刻，用“无木不雕”来形容绝非夸张。木雕题材广泛，涉及历史故事、戏曲人物、宗教神话、名胜古迹、山水花卉、几何纹饰等，这些木雕几乎都不事彩绘，显露出木头的天然肌理、质感以及岁月为它们涂上的色泽，成为顺溪历史源远流长的实物见证。陈氏大屋是浙南古代民居建筑体系的重要类型之一，素有“浙南清代民居博物馆”之称。

三、核心基因保存

“耕读传家的传统”“注重生态和环境规划的选址理念”“以围合式四合院为建筑样式”作为顺溪屋的核心基因，《探幽浙江顺溪桃花源》《山乡古镇顺溪》《顺溪——山村轻风来梳头》等7项文字资料保存于平阳县文化基因解码调查组资料库，另外，出版物和古文古籍有《顺溪陈氏家谱·增修家乘序》《平阳顺溪陈氏古建筑群》《浙江省名镇志》《康熙平阳县志》等。实物资料顺溪古建筑群保存于平阳县西部山区。

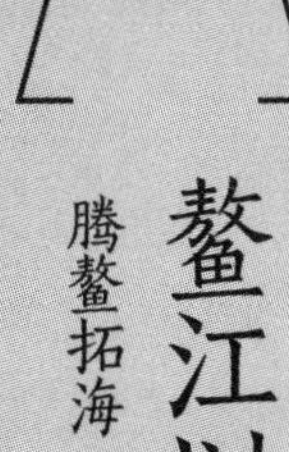

鳌江划大龙

腾鳌拓海　平阳文化基因

鳌江划大龙

鳌江划大龙

鳌江划大龙，始于明嘉靖年间，是当地渔民在每年元宵节前夕，为求风调雨顺、鱼虾满舱，或为庆祝丰年，从而兴起的民间习俗活动。据史载，鳌江在历史上曾先后被命名为始阳江、横阳江、钱仓江，后因江口涌潮似巨鳌负山，故名鳌江。鳌江镇位于平阳县的东南端，鳌江港的北岸。这里是海鲜、货品及南北商旅的集散地，俗称“舟户艚头”，又名“古鳌头”。紧靠大江的鳌江镇居民世代以捕鱼为生，他们借物寓意，结合当地渔民对鳌江和海龙的崇拜与信仰，创造了叱咤风云、气势磅礴的鳌江大龙。

早在1935年4月5日，项经川在上海出版的《太白》半月刊上详细介绍了当时鳌江划大龙的有关情况：平阳鳌江迎龙，俗称“划大龙”，远近闻名。其龙身用毛竹彩纸装饰而成。长40米，龙头很大，约莫有丈三四阔的屋子那么大。嘴张开着，衔有一个龙珠，这龙珠里足以躺一个孩子。龙珠的斜前方是空出成半圆球形的上唇，上面用彩色画着八仙和刘海，是整条龙最出色的部分。龙眼像盏大灯笼。后面是龙头颈，弯弯曲曲，像一条巨大的蟒蛇颈。从龙颈向上望，在龙的上唇里有一个亭子，里面站着红脸的杨老爷。亭子后面的龙背上有“童子拜海”“八仙过海”“杨家将”等神话和历史人物。据传，杨老爷是一位为民办事的好官，人民敬仰他，每年春节划过大龙，这位杨老爷便会保佑人民平安，渔业发达。在龙头的后面，紧接着是呈波浪式的龙身。龙身分16段，每一段的背上有一盏灯。再后边是龙尾，前半低下，后半翘起，也用竹竿支撑，大龙前后有百余人抬杠向前移动。过村走巷，每停下就祭祀一番，有参龙者敲着大鼓演唱吉祥颂词。大龙需迎3至5日，最后把龙整个捆在板凳上，用火烧掉，谓“送龙上天”。

为迎接世纪千禧年的到来，平阳县在2000年10月1日，首次恢复了划大龙活动，轰动一时，浙江省乃至国内外的众多人士，纷纷慕名而来欣赏划大龙的盛况。而在此之前，划大龙民俗活动在民国时期也相当兴盛。1916年，鳌江名人王理孚先生曾在《海髯诗》中描写鳌江划大龙场面：“每逢农历元宵节赛演三日夜，用火化去。送灯之夕，健儿数百负之以趋，绕市三匝，小孩三五成群，于道间拾得片鳞寸甲，即欢呼疾走以表欢迎之意。金鼓喧阗，人声鼎沸，亦壮观也。”《海髯诗》中还有《鳌江龙灯》一诗：

“六鳌海上架山来，火树银花夜夜开。
犹是承平歌舞意，一声鼍鼓起春雷。
海邦百怪此为宗，难得春灯岁一逢。
到底纸糊成阁老，人间何处有真龙？
满身鳞甲不飞行，大举依然赖众擎。
去地只差三五尺，昂头便觉势纵横！
男儿壮气贯云霄，咫尺龙门尾已绕。
莫道江村长寂寞，人声如海月如潮。”

赞誉鳌江大龙的磅礴气势胜似真龙。

鳌江划大龙是一项系统性的民俗活动，内涵丰富，大龙制作、开光仪式、迎龙、送神等仪式活动，皆非常讲究。由于形体巨大，大龙需由民间扎龙艺人和他的11位助手共同完成。大龙制作十分考究，集温州竹编、纸扎、剪纸、书画等工艺之大成。艺人们选用特大毛竹，破成竹条，编成直径约2米的圆圈，作为龙身的骨架。然后采用防水纸（或用纱布），依照龙身骨架的形态均匀平滑地糊牢，糊好后用红、黄等色油漆在龙身上描绘精美图案。大龙制作工艺复杂，技艺精湛，风格独特，造型华丽雄伟。近年来，艺人们还运用现代科技，在龙腹中装上580盏白炽灯和七彩灯，甚至喷水设备等。夜晚燃灯，大龙全身透亮、流光溢彩，立体感十足。龙鼻还利用水循环，可喷烟吐水，灵气逼人、栩栩如生，宛如真龙出海。

鳌江大龙大小自定，长度不一，可随年份增长而增长。龙体硕大无比，造型华丽生动，仪表威武，给人以震惊、自豪、奋进之感。今日我们所见大龙的身长近百米，头尾分9段，取“龙生九子”之意，龙头直径达5米，龙角写有“国泰民安、风调雨顺”字样，龙身上不仅有巨大的鳞片，还绘有精美的书画图案。大龙重达5000斤，因此在巡街游行过程中，需200多名壮汉扛着大龙缓缓地前进，每段龙体需抬工20人，龙头需40人，统一着装、指挥。

大龙制作完毕，当地数百民众在头家的组织下，摆妥香烛、八仙桌、鞭炮、荤素供品，请来道士请神，尽进香、叩拜之礼，以行开光仪式。其后，当地享有威望的人士在道士的带领下登上扶梯，掀开敷在龙眼上的红纸，用毛笔恭恭敬敬地在龙眼上点睛。这一过程，常成为庆典活动的高潮。在划大龙巡街游行队伍中，伴有民间吹打、舞龙舞狮、划旱船等表演团体，营造和谐、喜庆氛围。巡街游行一般持续三天，环绕鳌江城游行三圈。

如今，鳌江划大龙保留着大龙制作、龙灯开光（请香炉）、画龙点睛、巡街游行、祭神仪式（收香）、捆龙化龙等传统民俗事项，民俗成分丰富，乡土气息浓郁，具有重要的历史、人文、艺术价值，能促进当地群众性文化消费和商业、旅游业的繁荣。

2007年，鳌江大龙为北京奥运祈福闪亮登场，名声远播。2009年，鳌江大龙又应中国（浙江）非遗博览会邀请，到杭州为国庆 60 周年贺喜，深受杭城民众喜爱,成为活动一大亮点。同年，鳌江划大龙被列入浙江省非物质文化遗产名录，被评为全省非遗普查十大新发现。2012 年，参与元宵节“迎龙盛典”活动的鳌江大龙身长达 80 多米，重约 3 吨。200 多名壮汉负责抬龙，气势磅礴的大龙身后还有 25 个表演方阵，整个巡游队伍长达 1000 余米，参加人数多达 900 人，巡游队伍所经之处可谓万人空巷。同年在鳌江动车站东首设立鳌江大龙展示厅。

一、要素分解

（一）物质要素

1. 制作精良的鳌江大龙

鳌江大龙造型美观大方，制作考究。选用特大毛竹做龙骨，用篾条、木头、绸布、五彩纸、灯泡和泡沫塑料等编扎制作而成。龙头、龙身、龙尾等各部分，都配以精美的民间图案，融竹编、纸扎、剪纸、书画等艺术手法为一体，造型独特而华丽。制作完成的大龙全身披挂银鳞金甲，金光闪闪，龙鼻喷烟吐水，气势磅礴。制作所用的材料大多就地取材，与当地老百姓的传统审美观相结合，雅俗共赏。鳌江大龙的制作是一个大工程，需十多位艺人用 15 天左右时间共同制作完成，工艺复杂，程序繁多，技术精湛，风格独特。大龙的身上安装有 580 盏白炽灯泡和一些七彩灯，一套喷水设备也巧妙地布置在大龙口内。夜晚大龙身体透亮，流光溢彩，宛如一条火龙出海，栩栩如生，视觉效果颇佳。

2. 鳌江划大龙展示厅和文化艺术节

鳌江划大龙展示厅位于鳌江镇文体中心，充分展示了平阳县鳌江镇划大龙民俗活动的历史风貌和现状。展示厅分设大龙制作、开光仪式、雄起鳌江、享誉杭州、温馨祥和、乐在其中 6 大板块。在鳌江建镇 80 周年之际，鳌江举办了“龙腾鳌江，再创辉煌”第二届鳌江大龙文化艺术节，历时两个月，有龙腾鳌江、梨园鳌江、古韵鳌江、幸福鳌江4大板块30项内容，推出文艺演出、书画展览、名家讲座、理论研讨、非遗展示等一系列活动。在镇、社区和村居三个层面逐步展开，开展了丰富多彩的文艺活动，继承和弘扬了“鳌江划大龙”等优秀传统文化，全面展示了鳌江在文化建设上取得的丰硕成果。

3. 历史悠久的鳌江杨爷殿

鳌江大龙与杨府爷信仰密切相关，过去鳌江划大龙活动常在杨爷殿前开展。杨府爷是温州地区民间地方神之一，被平阳人尊称为杨老爷。平阳的渔民、海舶商人对杨老爷的信仰尤为普遍和虔诚。民国《平阳县志》记载：“神姓杨名精义，唐时人，子十人，三登仕籍，七子偕隐修炼于瑞安之陶山，拔宅飞升，事闻，三子皆挂冠归，寻亦仙去。”鳌江等地建有多处杨爷殿，各地杨爷殿里杨老爷的造像均为红脸，着将袍、朝靴，仪态威武雄壮。

1942年以前，鳌江杨爷殿是全镇居民社会民俗活动的中心。据1939年3月的测绘显示，杨爷殿庙宇古建筑群由头门、戏台、大殿、文书院、娘娘宫组成，是一座合院式木结构建筑，占地面积1082平方米，规模宏大。至今鳌江老百姓中还流传着“娘娘宫的石板，杨爷殿的门槛”这句俗语，意思是说这两处建筑用材考究，风格突出。一年四季，渔港集镇的庙会、划龙、做戏、唱词等文娱活动经常在杨爷殿前开展。杨爷殿还是民间医卜星相、杂耍卖艺、风味小吃等民俗活动的聚集地。除了杨爷殿，鳌江西湾二沙地区的杨七相公庙、鳌江入海口洋屿岛山巅的杨府庙，均体现了这一信仰风俗，具有鲜明的地域特征，对其信众有着深远的影响力。

（二）精神要素

对平安富足生活的向往

鳌江先民“靠海吃海”，在科技和生产力水平低下的年代，从事海洋捕捞和运输贸易风险很大。在变幻莫测的大自然面前，人显得渺小和无助，祈求神灵的庇护正反映了人们向往平安富足生活的美好愿望。近现代以来，随着社会的进步和科技的发展，温州地区民营经济蓬勃发展，民众的生活水平持续提高，生命健康与安全得到了充分的保障，民众借此传统民俗活动表达感恩之心和对华夏民族圣物——龙的崇拜。

（三）制度要素

1. 巡游和演出的巧妙结合

鳌江划大龙在元宵期间巡游，划大龙巡游队伍里有舞狮队、民俗花灯队、旗袍花灯队、大头娃娃队、荡旱船队、民间吹打队等表演小团体，共同营造和谐、喜庆的氛围。巡游所经道路的两旁，常常被市民挤得水泄不通。鳌江大龙在夜色中披鳞戴甲、金光闪闪，一路蜿蜒而来，锣鼓喧天，鞭炮齐鸣，万众争相围观，成为当地一道亮丽的风景。

2. 具有新时代特色的文化艺术节

在平阳地方文化部门的策划和推动下，鳌江大龙文化艺术节以鳌江划大龙为载体，融入了文艺演出、非遗展示、技艺培训、全民阅读、名家讲座、文体赛事、书画展览等 19 项具有新时代特色的文化活动，在镇区及各村居文化礼堂举行。这些活动形式创新、内容丰富、元素聚集，深刻展现鳌江深厚的文化底蕴和独特的文化魅力，让群众在欢歌笑语中享受城镇的美好生活，在审美愉悦中感受鳌江的文化魅力，让群众浸润在健康的文化熏陶和艺术氛围之中，有力地促进了鳌江文化繁荣发展。

（四）语言和象征符号

源远流长的龙图腾文化

鳌江划大龙与中国龙文化一脉相承。龙是中国的象征、中华民族的象征与中国文化的象征，在国人的心中深深扎根，形成具有强大凝聚力的龙文化。《龙和中华》记载：一直以龙的传人自居的中国人，逢年过节都要举行舞龙灯、祭龙王、赛龙舟之类的喜庆活动，祈盼风调雨顺、国泰民安、丰衣足食。在人们心目中，龙的出现是天下太平的征兆，龙被视为世间最大的吉祥物。龙文化自古至今保持着强大生机，在国家统一、民族复兴中有着强大的感召力、凝聚力和向心力，是民族的文化符号，潜藏着中国人特有的基本观念。龙的形象中蕴含着天人合一的宇宙观、兼容并包的多元文化观，包含着中国人追求天人关系的和谐、人际关系的和谐以及多元文化关系的和谐。《辞源》说“龙是古代传说中的一种善变化，能兴云雨、利万物的神异动物，为虫之长”。闻一多在《伏羲考》中认为“龙是一种图腾，并且是只存在于图腾中而不存在于生物界中的一种虚拟生物，因为它是由许多不同的图腾糅合而成的一种综合体”。龙作为一种长期被神圣化的生物、一种被确认的审美对象，在中国各族人民的心目中占据着重要的位置。中国的民俗节日中，有不少与龙相关者。这些节日活动丰富多彩，具有浓郁的民族特色，散发着清新的乡土气息。农历正月十五是汉族的元宵节，又称上元节，常常要舞龙灯。南宋词人辛弃疾曾写有“凤箫声动，玉壶光转，一夜鱼龙舞”的词句。明清两代，舞龙灯之风更盛。清道光年间《沪城岁事歌》有“游手环竹箔作笼状，蒙以绐，绘龙鳞于上，有首有尾，下承以柄，旋舞街巷。前导为灯牌，必书五谷丰登，官清民乐”。龙文化具有的兼容并蓄性，使中华民族紧紧凝聚在一起，成为中国和平统一的象征。

二、核心基因提取与评价

基于对材料的全面、深入分析，得出本文化元素的核心基因表述为：“对平安富足生活的向往”“源远流长的龙图腾文化”“制作精良的鳌江大龙”。

鳌江划大龙核心文化基因评价依据

评价项目	评价因子	评价依据（特点）	是否
生命力评价	文化基因存续的时间	自出现起延续至今，未曾明显中断	√
		自出现起延续至今，但多次衰微、中断后复兴	
		曾明显衰败，改革开放后开始复兴或历史溯源关键环节缺失，难以考证	
		文化形态主体已灭失，现存部分痕迹	
	文化基因的稳定性	在发展过程中保持相当稳定的状态	
		在发展过程中存在明显的精神内涵、表现形式剧变	
凝聚力评价	文化基因的凝聚力及社会动员效果	曾广泛凝聚起区域群体的力量，显著推动过社会经济文化的发展	
		曾部分凝聚起区域群体力量，对社会经济文化的发展产生过影响	√
		凝聚过力量，创造过实际的发展动能，但未见对社会经济文化发展产生显著改变	
		仅在历史文献或口耳相传中存在，未见实际介入社会经济发展	

续表

评价项目	评价因子	评价依据（特点）	是否
影响力评价	辐射的范围	具有全国性、世界性的影响力	
		具有长三角区域、浙江省影响力	√
		具有市县、乡镇影响力	
	提炼的高度	已经被古代文人士大夫和当代学者提炼为精神符号和理念理论	
		单纯的样式、造型、工艺技术规范	√
发展力评价	与当代精神追求和价值观念的契合	传统文化基因得到创造性转化、创新性发展；区域革命文化基因被完整继承、广泛弘扬；区域社会主义先进文化基因成为与浙江“三个地”相适应的文化高地	√
		部分转化、部分弘扬、部分发展	
		难以转化、难以弘扬、难以发展	
说明：基因特点评价是对解码出来的基因，根据本《导则》表2的要求，围绕“四个力”逐一对表打“√”，进行定性表述			

（一）生命力评价

鳌江划大龙是从杨爷殿祭神仪式派生出来的民俗文体活动。明嘉靖年间，鳌江的先民们为了祈求神灵庇护，寄托风调雨顺、鱼虾满仓的愿望，创设了极具特色和规模浩大的鳌江划大龙，至今已逾400年。清末、民国期间鳌江划大龙极为盛行，至今仍不断得以丰富和发展，在浙、闽交界地区影响广泛。《平阳县志》卷十七《风土志·岁时》中还曾写道：“上元……鳌江则迎龙灯，头巨充庭，身长十余丈，扛者百余人，迎神三日或五日。”可以想见场面之盛大壮观。

（二）凝聚力评价

在科技和生产力低下的古代，从事海洋捕捞和运输贸易风险很大，在变幻莫测的大自然面前，人显得渺小和无助。鳌江划大龙是元宵期间鳌江当地群众为求风调雨顺、鱼虾满舱或庆丰年而创造并传承至今的海洋文化习俗。鳌江划大龙由当地渔民、商人、企业家选出头家，共同出资举办，保留着制作大龙、龙灯开光、画龙点睛、巡街游行、祭神仪式、捆龙化龙等民俗事项，有祈福祝愿、祭拜上香、喜迎圣水场面，有舞龙舞狮、划旱船等文艺表演。乡土气息浓郁，是增进乡情、团结民心的有效载体，是当地民俗文化的重要组成部分。

（三）影响力评价

鳌江大龙已演变成民众心中的一种情愫，连绵不绝。三年一度的划大龙民俗活动，在浙、闽、赣、粤、沪等诸多省市具有较强的影响力，众多外省游客和海外归侨不远千里前来欣赏划大龙的盛况，借以祈求吉祥，消灾降福。尽管历经时代变迁，但其旺盛的生命力和来自民间的喜爱，给予了它再生和繁荣的能量，“野火烧不尽，春风吹又生”。鳌江划大龙汲取各个时代丰富的文化养分和社会力量，焕发着新的生命力。鳌江划大龙民俗活动举行时，中央电视台国际频道、中国新闻网、浙江电视台、温州电视台以及各大网络媒体争相报道。

（四）发展力评价

鳌江划大龙不仅在民间有序传承、顺利开展，成为百姓的文化享受，而且得到政府支持，成为文化品牌。近几年，鳌江划大龙参加了中国非物质文化遗产博览会、中央电视台摄制等宣传活动，当地还成立鳌江大龙文化研究会，出版《鳌江划大龙》书籍和召开民俗文化研讨会等。

同时，鳌江划大龙是我国龙文化的重要组成部分和东部沿海地区龙图腾崇拜活动的典型代表。龙在汉语文化圈中象征祥瑞，是能消灾降福、行云布雨的图腾。以舞龙、划龙、抬龙等方式来祈求平安和丰收是全国很多地方的风俗习惯。龙是中国的象征、中华民族的象征与中国文化的象征。龙的形象是一种符号、一种血肉相连的情感，“龙的传人”“龙的国度”获得了世界认同。作为中华民族的象征，龙在国人的心中深深地扎根，形成具有强大凝聚力的龙文化。《龙和中华》记载：一直以龙的传人自居的中国人，逢年过节都要举行如舞龙灯、祭龙王、赛龙舟之类的喜庆活动，祈盼风调雨顺、国泰民安、丰衣足食。龙文化具有的兼容并蓄性，使中华民族紧紧凝聚在一起，成为中国和平统一的象征。

三、核心基因保存

“对平安富足生活的向往”“源远流长的龙图腾文化”“制作精良的鳌江大龙”作为鳌江划大龙的核心基因，文字资料有《鳌江划大龙》《鳌江划大龙传统习俗》《东方第一龙》等6项，保存于平阳县文化基因解码调查组资料库。实物资料鳌江大龙保存于平阳县鳌江镇。

鸣山古村

腾鳌拓海　平阳文化基因

鸣山村西北依鸣山，东临平瑞塘河，南接昆阳城区，是浙江省平阳县的重要地理坐标和温瑞平水陆交通的重要通道。不同于传统的偏僻古村因地理位置偏远而受到保存，鸣山村所在地属于城乡接合部，属城市与农村的过渡区域，存在着频繁的物质与能量交流，受城镇化影响很深，却依然能保持古朴的村落原貌，具有较高的历史价值和旅游经济价值。

鸣山村始建于东晋年间，并曾一度设乡，是县城西北郊行政中心。自古以来，村内蔡、尤、徐三姓居多。徐姓最早是由福建徐姓三兄弟迁移而来，主要定居在沙岗、陡门和鸣山等地；蔡姓最早在南宋咸淳年间由平阳步廊迁入，此后一直在此地定居、繁衍、发展；从平阳二都西桥头迁入鸣山的尤姓祖先，较蔡、徐两姓发展历史相对较晚，但从乾隆年发展至今，尤姓也已经较为壮大。

鸣山村内自然资源保存良好，呈现出古朴秀丽的原始村落风貌。清朝，平阳人张南英写下了《与古州蔡司马时豫话鸣山》一诗："横阳五里是鸣山，水到桥头第一湾。重叠小山藏古寺，参差远树蔽贤关。旧家零落衣冠冷，故国迢递梦寐还。七载乡人踟海外，月明一遇锦江间。"宋代的林芘游鸣山时，也留下了赞美鸣山的诗句——"杏花舞径乱红雨，麦浪涨空摇翠烟。

十里清风寻小寺，快船如马水如天。”历代文人墨客的诗句足以证明鸣山风景之胜。

鸣山村内古建筑数量极多，建筑形制精美、细致、整齐。现保留下来的古建筑大多为合院式，由青砖瓦构成，建筑体上刻有精致的雕花，十分典雅，属于传统的浙南住宅。

瓯窑瓷器是鸣山村的文化瑰宝，有着上千年的历史。鸣山村内有小隐庐瓯瓷品牌，它与平阳蛋画技法结合，以画入瓷，使用本土材料开窖烧瓷。烧出来的瓯瓷精致美丽，有较高的观赏价值和实用价值。

此外，鸣山村在耕读繁衍的过程中，衍化出了具有地方特色的民俗文化，如打糕、东岳观道教音乐、中式婚礼、太平钿剪纸、木偶戏等。为了传承这些千年记忆，鸣山村举办了民俗文化节，定期、集中向民众和游客展示鸣山村的传统文化。在文化节期间，鸣山村还举办百家宴，与同来游玩的游客共庆新年。

近年来，鸣山古村以“红色力量”领航乡村振兴发展，以“清廉保障”推进农村基层治理，打造“红色鸣山、清廉鸣山、实力鸣山、印象鸣山、古韵鸣山、温暖鸣山”，驱动村庄各项事业快速发展，获得了全国文明村、全国乡村治理示范村、国家3A景区、浙江省文明村、浙江省美丽宜居示范村、浙江省历史文化名村、浙江省历史文化村落保护利用重点村、浙江省民主法治村、浙江省3A景区村庄、浙江省文化示范村、浙江省非物质文化旅游景区民俗文化村、浙江省“美丽乡村”精品示范村、浙江省高标准农村生活垃圾分类示范村、浙江省文化生态示范基地、温州市模范集体、温州市党建示范村等荣誉称号。2019年，鸣山村党总支以省级历史文化村落保护利用及美丽乡村“月亮工程”为契机，依托独特的古村落资源，完成古建筑修复、古桥修复、古道修复、美丽庭院打造、主入口提升、垃圾分类、外立面改造等项目，使村庄布局变得更为合理，容貌变得更加美观，重展古村魅力，焕发新的活力。

一、要素分解

（一）物质要素

1. 典型的浙南合院式民居建筑

鸣山村的古宅是浙南民居的典范，是传统的合院式建筑。建筑布局颇具特色，主要由门台、正屋、厢房与围墙组成，主体梁架多采用台梁穿斗式，同时住宅上刻有精致典雅的雕花。例如，小隐庐布局隐蔽、面积较小，但是实际占地面积 2000 多平方米，四条粗壮的大方柱使门口气势恢宏，这四条柱子向内延伸，形成了三个不同的拱形砖门，并且拱门大小不一，一个套着一个，十分独特。该地门墙十分坚固，门墙上刻有形状不一的雕花，精美细致，具有较高的历史文化价值。

2. 历史悠久、数量丰富的古建筑

鸣山村历史建筑丰富，具有较高的文物保护价值。目前保留较好的古建筑有八处，主要是建于明代的马九宫（1995 年重修），建于清代的蔡振堂宅和黄世界宅，建于民国时期的小隐庐、乡公馆、晖宅、蔡必胜纪念馆等。鸣山村有一座古寺——净土寺，其历史已经难以考证，寺庙也早已被毁，但遗迹却被保留了下来。

3. 以“平阳五个鲜”为代表的特色农产品

“六山一水三分田”，独特的地形和温暖湿润的气候形成

了平阳独特的农业文化，其中最具代表性的是被称为“平阳五个鲜”的特色农产品，包括南麂大黄鱼、平阳黄汤、平阳鸽蛋、怀溪番鸭、平阳马蹄笋。

南麂大黄鱼。生长在良好的水质和生态化的养殖环境中，南麂大黄鱼肉质鲜嫩，口感细腻，金黄鲜艳而且肌肉结构紧密，呈明显的蒜瓣状，是全国首例认证的海水养殖鱼类有机食品，于2016年作为浙江省唯一推荐的水产品被列入G20峰会的国宴菜单中。

平阳黄汤。黄汤属黄茶类中的黄小茶，始制于清代，乾隆年间为贡品，是中国四大传统黄茶之一。传承“九烘九闷”古法闷黄非遗工艺，品质优异，风味独特，以“干茶显黄、汤色杏黄、叶底嫩黄、嫩玉米香”三黄一香而著称，被誉为“中华文化名茶”和浙江省区域名牌农产品。

平阳鸽蛋。平阳县有浙江省规模最大的蛋鸽基地，生产的鸽蛋蛋壳呈粉色，个头大，口感鲜滑，蛋白清透，营养丰富，富含胶原蛋白和各种人体必需氨基酸，有养颜护肤、益智健脑、促进创口愈合等保健功能，被誉为动物人参。平阳鸽蛋多次获省、市农博会金奖，被评为浙江省区域名牌农产品。

怀溪番鸭。怀溪番鸭饲养历史悠久，依托当地优越的生态环境，自然放养，绿色环保，瘦肉率高，肉质鲜美，营养丰富。食之具有温肾补阳、保肝益智等功效，乃四季皆可、老少皆宜的地方美食。

平阳马蹄笋。平阳是中国马蹄笋之乡，栽培历史悠久，至今已有1700余年。平阳马蹄笋，产于夏秋之际，笋肉厚实，笋质脆嫩，笋味鲜甜可口，营养丰富，备受消费者喜爱，先后获浙江省名牌产品、浙江省森林食品、浙江省绿色农产品、浙江省优质农产品等荣誉。

4. 历史悠久的墨香文化

鸣山古村落孕育了一代代名人，其中不乏画家、诗人，而最负盛名的当属书法家蔡心谷。蔡心谷是土生土长的鸣山人，曾为中国书法家协会会员、温州市书法协会副主席、温州诗词学会会员，所作楷书点画劲挺而浑厚，结体灵活，内劲外秀，草书碑气扑人并融入篆、隶笔意，隽永多姿。在千年的传承中，鸣山村继承并发扬了书墨文化，相继建成南雁荡山书画院鸣山演示展览基地、平阳县博雅诗社鸣山村创作基地。每年民俗文化节，村里都会组织写春联、送春联等活动，以此来宣传墨香文化。

（二）精神要素

刚正不阿、清正廉明的传统士人品格

蔡必胜，字直之，南宋时期温州府平阳县人，以直臣著称于当时。他人品学识俱佳，不趋炎附势；为官颇有才干，关心百姓疾苦，重视教育和人才的培养，深受百姓爱戴。

蔡必胜中武状元后，被授予江东将军。按当时军队规定，所有将校参见主帅，都必须穿小袖衫拜于堂下，而蔡必胜却穿袍执笏揖于堂上，表现了不同凡人的个性。时任参知政事兼枢密使的虞允文很赏识蔡的才华，欲委任他做学官，却遭到推辞。在任上，蔡曾积极协助其他将领查禁私盐贩卖，朝廷要奖赏有功人员，他只字不提自己，将功劳全记在他人身上，为此受到同僚们的敬重。他很快被提拔为阖门舍人，其上司曾觌也想结交拉拢他，每次退朝时以目示意，但蔡素恶他心术不端，总是佯装不知，不予理睬。渐渐地，蔡必胜在朝中声名鹊起，连宋孝宗也亲自召见他，还夸他一表人才，前程无量，令他知澧州（今湖南澧县），不久又任邵州（同属湖南）知州。

蔡必胜居官清正廉明，他从不沽名钓誉，敛财图富。他体察民情，为百姓兴利除弊。每到年终岁末，他必亲自到民间访贫问苦，用自己的俸禄接济贫民渡过难关。他重视教育，亲自到学官督促学生，以仁、义、礼、智、信教导他们，使读书人在社会上受到尊敬。在邵州任期满时，朝廷要调他到光州（今河南潢州），邵州的官员和百姓闻知，纷纷上书朝廷，请求他连任。然而他尚未到达光州，孝宗又下旨，任命他为可带御器械的阖门舍人，成为皇帝身边最贴近的大臣，不久，他因父亲病故，回家奔丧，三年服丧毕，仍回朝复职。

（三）制度要素

深厚的家风家训传统

自古以来，家训文化的盛行使鸣山村才俊辈出。鸣山人祖先的美德世代传承，经过千年的历练与熏陶，沉淀出一套独特的待人、处事和生存方式，形成了丰富厚实而独具意蕴的家训文化。现鸣山村有 36 个姓氏，为铭记家训文化，村里每个姓氏的家训都以墙绘的形式展示在自家墙上。如鸣山古村的蔡氏家训，一共有十则，内容分别为：孝父母、和兄弟、序长幼、睦夫妇、训子孙、亲宗族、联内外、慎值守、遵法纪、行文明。在家风家训的熏陶下，鸣山村名人辈出，特别以徐、蔡、尤为大家，如蔡必胜、蔡心谷、蔡梦麒、徐谊、蔡显顺、蔡时豫、蔡时敏、马俊、陈宣等人为典型，如今村内还保存着马俊墓、陈宣墓、蔡必胜纪念馆等遗迹。

（四）语言和象征符号

以黑白纹砖石围墙为村落外观特征

在鸣山村，几乎所有的历史建筑都用了围墙界定空间院落，是鸣山村的一大特色。用围墙分隔外界，使得每一座建筑更加独立。而在围墙砖石的选择上，鸣山村也多选用具有当地特色的黑白纹砖石。此后建造的不少建筑选用的砖石材料多模仿于它。

二、核心基因提取与评价

基于对材料的全面、深入分析，得出本文化元素的核心基因表述为："典型的浙南合院式民居建筑""深厚的家风家训传统""刚正不阿、清正廉明的传统士人品格"。

鸣山古村核心文化基因评价依据

评价项目	评价因子	评价依据（特点）	是否
生命力评价	文化基因存续的时间	自出现起延续至今，未曾明显中断	√
		自出现起延续至今，但多次衰微、中断后复兴	
		曾明显衰败，改革开放后开始复兴或历史溯源关键环节缺失，难以考证	
		文化形态主体已灭失，现存部分痕迹	
	文化基因的稳定性	在发展过程中保持相当稳定的状态	√
		在发展过程中存在明显的精神内涵、表现形式剧变	
凝聚力评价	文化基因的凝聚力及社会动员效果	曾广泛凝聚起区域群体的力量，显著推动过社会经济文化的发展	√
		曾部分凝聚起区域群体力量，对社会经济文化的发展产生过影响	
		凝聚过力量，创造过实际的发展动能，但未见对社会经济文化发展产生显著改变	
		仅在历史文献或口耳相传中存在，未见实际介入社会经济发展	

续表

评价项目	评价因子	评价依据（特点）	是否
影响力评价	辐射的范围	具有全国性、世界性的影响力	
		具有长三角区域、浙江省影响力	
		具有市县、乡镇影响力	√
	提炼的高度	已经被古代文人士大夫和当代学者提炼为精神符号和理念理论	√
		单纯的样式、造型、工艺技术规范	
发展力评价	与当代精神追求和价值观念的契合	传统文化基因得到创造性转化、创新性发展；区域革命文化基因被完整继承、广泛弘扬；区域社会主义先进文化基因成为与浙江“三个地”相适应的文化高地	√
		部分转化、部分弘扬、部分发展	
		难以转化、难以弘扬、难以发展	
说明：基因特点评价是对解码出来的基因，根据本《导则》表 2 的要求，围绕“四个力”逐一对表打“√”，进行定性表述			

（一）生命力评价

“典型的浙南合院式民居建筑”是鸣山村的物质基因，目前以完整的形态得以保留，“深厚的家风家训传统”通过鸣山古村内居民日常家庭教育、政府公共文化宣传得以传承和发扬，“刚正不阿、清正廉明的传统士人品格”通过蔡必胜故居、蔡必胜史迹作为载体得到传承和发扬。

（二）凝聚力评价

“典型的浙南合院式民居建筑”指的是鸣山古村的基础建筑，是当地社会经济文化的组成部分和物质基础，“深厚的家风家训传统”“刚正不阿、清正廉明的传统士人品格”则是当地家族和名士的精神财富，它推动了地方民众崇文重教、崇正尚义文化氛围的形成。

（三）影响力评价

家风家训、士人品格是我国传统社会中重要的精神内涵，家风家训以家庭为单位，通过日常家庭生活对个人开展教育活动，士人品格则通过为官者个人言行操守形成史料和故事传说，从而对社会形成影响力，因此，家风家训和士人品格在我国民族性格的形成中占据了主导地位。

（四）发展力评价

鸣山村各项事业快速发展，获得了全国文明村、全国乡村治理示范村、国家 3A 景区、浙江省文明村、浙江省美丽宜居示范村、浙江省历史文化名村、浙江省历史文化村落保护利用重点村、浙江省民主法治村、浙江省 3A 景区村庄、浙江省文化示范村、浙江省非物质文化旅游景区民俗文化村、浙江省“美丽乡村”精品示范村、浙江省高标准农村生活垃圾分类示范村、浙江省文化生态示范基地、温州市模范集体、温州市党建示范村等荣誉称号。

三、核心基因保存

“典型的浙南合院式民居建筑”“深厚的家风家训传统”“刚正不阿、清正廉明的传统士人品格”作为鸣山古村的核心基因，《古韵鸣山——昆阳镇鸣山村》《横阳五里是鸣山，水到桥头第一湾》《宜浓宜淡是鸣山》等 5 项文字资料保存于平阳县文化基因解码调查组资料库。实物资料蔡心谷故居、蔡必胜纪念馆、蔡云祥宅、晖宅、陈宣墓、马九宫等建筑保存于温州市昆阳镇北首鸣山村。

温州鼓词

腾鳌拓海　平阳文化基因

温州鼓词表演

温州鼓词，顾名思义，就是温州的鼓词，俗称“唱词”。

鼓词是指以鼓、板击节说唱的汉族曲艺艺术形式。由于古代对说唱艺术的称谓大多是一种通称，因此鼓词也是若干相近曲艺形式的通称。

温州鼓词是以温州方言进行演唱、以艺人自弹牛筋琴伴奏为表演形式、以板腔体为唱腔音乐、以吟调为基本曲调的说唱艺术，属于鼓曲类曲艺。

温州鼓词的萌芽可追溯至南宋，在明代中期或稍早形成，到清中期开始盛行。说唱音乐真正形成是在唐代，敦煌变文是后世各种说唱文学的先驱。宋元时期，说唱艺术达到成熟阶段。明清时期，说唱音乐出现繁盛局面，形成鼓词、弹词、道情、琴书、牌子曲等几大门类。

今传最早的鼓词，是明天启刊本《大唐秦王词话》(一名《秦王演义》)，其中写了唐太宗李世民征伐群雄统一中国的故事。韵文为十字句，与鼓词相同，只是当时还没有使用鼓词这一名称。今存的明代鼓词作品还有《大明兴隆传》《乱柴沟》等。

正式使用鼓词这一名称的是明末清初的贾凫西，他的《木皮散人鼓词》一书中已经有关于鼓词的具体称谓和成形的作品。这个事实说明，至晚在明末清初的时候，鼓词已经流行，并转而影响了文人的创作。

温州鼓词分大词和平词两种。大词又称“灵经”，俗称“娘娘词”，因其内容为歌颂陈十四娘娘为民收妖除恶的功德，唱此词的民间信仰仪式相当隆重，故称大词。平词，主要演唱各种侠义、传书、小说类作品。

一、要素分解

（一）物质要素

1. 深厚的音乐文化传统

音乐文化是温州重要的传统文化，源远流长，在民间影响甚大。

早在晋代，横阳（今平阳）县令贺韬就是一位名垂史册的音乐家。传说他在横阳任职时制造了两把神奇的木琴“啸鱼”和“恒寿”。这两把琴至唐代尚存，为唐贞观年间的大琴师赵耶利所有。晋代横阳有被蔑称为“防风鬼”的山越，他们被认为是古代防风氏部落的遗民。这些身材高大的山越不拘礼节，经常赤脚坐在城门上。为了感化这些山越而使社会和谐，县令想出了绝招。他在县衙的厅堂里弹奏起“啸鱼”和“恒寿”，当山越听到悠扬的琴声，就来到厅堂翩翩起舞，呈现出一派其乐融融的景象。贺韬将自己卓越的琴技作为调和社会复杂关系的工具，使琴声成为不同身份邑民的“共同语言”。

南宋时期浙派古琴的创始人郭楚望就是平阳人。他植根于平阳民间音乐的土壤，创作了《潇湘水云》《秋鸿》《飞鸣吟》《泛沧浪》《春雨》等琴曲，其中《潇湘水云》被誉为中国古典名曲之一。

元代画家黄公望，这位平阳先贤，不仅是画家，而且还是一位了不起的音乐家。他通音律，吹铁笛，会放声歌唱。他的好友杨维桢有文记述：“予往年与大痴道人扁舟东、西泖间，或乘兴涉海，或抵小金山，道人出所制小铁笛，令予吹洞庭散曲，道人自歌小海和之，不知风作水横，舟楫挥舞，鱼龙悲啸也。”在这些深厚音乐文化传统的土壤上，温州鼓词的“九板五调”音乐逐渐形成。

2.**丰富的民间说唱艺术作品**

温州人民在劳动中创造了山歌、田歌、渔歌和船歌，数以千计的民间歌曲在这片土地上流传不息。温州的传统民歌，曲调简单，旋律悠扬，节奏自由，极具抒情色彩。在唱句上以七言上下句结构为主，散板居多，变化不受固定曲调限制，在唱法上可以灵活运用。

温州鼓词在发展中还借鉴了当地民间流行的戏剧及唱腔。温州是南戏的发源地，元代高明被誉为“南戏鼻祖”，他创作的《琵琶记》“成了戏文中第一部伟大不朽的作品”（郑振铎语）。这部戏文就是在温州民间小曲的基础上，借用杂剧表演故事的形式产生的。

据考证，高明为瑞安崇儒里高宅宛（今阁巷柏树村）人，这个地方属于万全平原。高明故居遗迹距现在平阳县万全镇荷花村不到两公里，距岗头村不到三百米，因此，明末清初周亮工所著《书影》和清雍正《浙江通志》都说他是平阳人。温州鼓词形成的地方就在高明故里所在的万全平原。

温州大地上还有卖技、参龙、道情、花鼓、龙船、弹词等说唱艺术。卖技唱词以七字句押韵，前四后三，流行于飞云江以南的瓯语区，包括鳌江下游的江南平原（今属苍南县）、小南平原（今属平阳县鳌江镇）和飞云江南岸的万全平原(今分属平阳县、瑞安市）。卖技流行的地域正是温州鼓词的发祥地。

3.**温州鼓词演奏乐器**

温州鼓词的伴奏乐器主要有扁鼓、牛筋琴、三粒板、小抱月（梆）。双档和多档表演时还配有三弦、琵琶、月琴、二胡等，大词演唱时还增加大鼓、大锣。艺人在演唱时，左手执三粒板，根据演唱速度的变化掌握节拍，右手用竹筷敲牛筋琴，兼敲扁鼓和小抱月。在演唱大词时，还需敲击大鼓和大锣。因此，一位艺人在演唱时要演奏四至六件乐器，犹如一支小型的乐队，真可谓技艺高超。

温州鼓词在男女对唱时，男奏牛筋琴，兼敲扁鼓、三粒板、小抱月，女奏琵琶或小三弦。也可一人奏牛筋琴，兼敲扁鼓、三粒板、小抱月，另一人演奏另一牛筋琴，或奏琵琶、小三弦、二胡及其他乐器。在演唱大词时，早期用过大鼓、大锣，后期用过小云锣、大钹等。

（二）精神要素

1. 休闲娱乐、酬神祈安的精神需求

不同的地理环境，不同的语言，孕育了多姿多彩的地方文化。在浙南这块相对封闭的土地上，传统曲艺是民众主要的娱乐休闲方式，比如听戏、听词、唱莲花、打花鼓等，为民众的生活增添了生机和色彩。旧时的温州，民众大多贫困，无力负担动辄几十人的戏班子的开销，而温州鼓词当时是单档表演，说唱温州的乡音俚语，因此受到民众的普遍欢迎，成为他们日常娱乐休闲、酬神祈安的重要方式。

2. 忠孝善贤的传统价值观

无论是平词还是大词，温州鼓词都蕴含着价值观念、道德说教的内容，即所谓“寓教于乐”“寓教于祭祀”。鼓词演唱的内容以表现朝廷的忠奸斗争、社会上的颂善惩恶、家庭的悲欢离合及爱情故事居多。这些故事通俗易懂，蕴含着浓郁的文化韵味，主要体现了中华传统文化的优秀思想。

（三）制度要素

1. 依托民间信仰传承弘扬

在讲瓯语和蛮话语的地区，每到陈十四娘娘诞辰的日子或约定俗成的日子，如庙宇落成之日，都会举行酬谢陈十四娘娘的祭祀活动，开唱娘娘词，这被称为“庙宇鼓词”。以前经济不发达，唱大词的报酬远远比不上唱平词的报酬，而且大词词目需要连续演唱数天，对鼓词艺人的记忆力和演唱水平都有较高的要求，因此演唱大词的艺人较少，演唱大词的次数也有限。20 世纪 70 年代末，祠神信仰悄然兴起，随后依托于民间祠神信仰活动的大词演唱开始复苏，并日趋兴盛。跟随改革开放的脚步，温州经济迅速发展。在外打拼的温州商人对平安和财富的强烈渴望刺激了各地庙宇的兴建，而作为村落集体生活表达的祠神信仰活动也成为各地比较经济实

力的载体，在此背景下，大词演唱不仅得以复兴，而且随着祠神信仰投入的加大，越办越隆重。

2. **与时俱进、不断创新的演艺方式**

音像制品传承、广播电视传承和网络传承。其中尤以音像制品传承最为突出，它以现代电子媒介为传播载体，实现了跨时空、跨地域的传播，使温州鼓词的表演场域由公共空间深入民众的私人空间，传播范围也从浙南扩展到全国甚至海外，以至有学者称之为“音像鼓词”。音像鼓词突破了时空的限制，通过播放录音带、VCD 光盘和优盘等，观众可以不受时间和地点限制欣赏温州鼓词演唱。除了在家里欣赏之外，在老年人休闲和娱乐的公共场所也经常能看到音像鼓词播放。音像鼓词迅速进入民众的日常生活，弥补了式微的传统词场的观众空间，同时也突破了传统鼓词的流传范围，伴随温州人的脚步传播至世界各地。

（四）语言和象征符号

富有地方特色的唱腔和曲调

温州鼓词有唱有说，以唱为主。它的唱腔、曲调，带有浓郁的南国民歌风味，基本曲调有“太平调”“吟调”和“大调”等，板式变化有“慢板”“流水”“紧板”等几十个板式。由于温州鼓词是用温州方言演唱，因此各地语音不同，唱腔也各有特色。温州鼓词长于抒情，善于叙事，曲句俚语，通俗易懂，并夹有丰富的群众词汇和民间谚语，曲本形式有“折书儿”“小说”“部书”等三种。其句法结构，基本上是七字句，有时也运用五字句及叠板等形式。其文体一般由韵文、道白相间而成。唱韵很讲究押韵自然，音节和谐，保持了民间说唱音乐的特色。

二、核心基因提取与评价

基于对材料的全面、深入分析，得出本文化元素的核心基因表述为：“忠孝善贤的传统价值观”“与时俱进、不断创新的演艺方式”“富有地方特色的唱腔和曲调”

温州鼓词核心文化基因评价依据

评价项目	评价因子	评价依据（特点）	是否
生命力评价	文化基因存续的时间	自出现起延续至今，未曾明显中断	√
		自出现起延续至今，但多次衰微、中断后复兴	
		曾明显衰败，改革开放后开始复兴或历史溯源关键环节缺失，难以考证	
		文化形态主体已灭失，现存部分痕迹	
	文化基因的稳定性	在发展过程中保持相当稳定的状态	√
		在发展过程中存在明显的精神内涵、表现形式剧变	
凝聚力评价	文化基因的凝聚力及社会动员效果	曾广泛凝聚起区域群体的力量，显著推动过社会经济文化的发展	
		曾部分凝聚起区域群体力量，对社会经济文化的发展产生过影响	√
		凝聚过力量，创造过实际的发展动能，但未见对社会经济文化发展产生显著改变	
		仅在历史文献或口耳相传中存在，未见实际介入社会经济发展	

续表

评价项目	评价因子	评价依据（特点）	是否
影响力评价	辐射的范围	具有全国性、世界性的影响力	
		具有长三角区域、浙江省影响力	
		具有市县、乡镇影响力	√
	提炼的高度	已经被古代文人士大夫和当代学者提炼为精神符号和理念理论	√
		单纯的样式、造型、工艺技术规范	
发展力评价	与当代精神追求和价值观念的契合	传统文化基因得到创造性转化、创新性发展；区域革命文化基因被完整继承、广泛弘扬；区域社会主义先进文化基因成为与浙江“三个地”相适应的文化高地	
		部分转化、部分弘扬、部分发展	√
		难以转化、难以弘扬、难以发展	
说明：基因特点评价是对解码出来的基因，根据本《导则》表 2 的要求，围绕“四个力”逐一对表打“√”，进行定性表述			

（一）生命力评价

休闲娱乐一直是温州鼓词的基本功能，即使到了娱乐文化多样性的今天，鼓词爱好者主要是农村深受传统文化影响的中老年人。鼓词这种既适合单独欣赏又适合群体欣赏的曲艺艺术，可以为中老年人提供一个交流的平台，给他们精神上的寄托和情感上的慰藉。无论是平词还是大词，温州鼓词都蕴含着价值观念、道德说教的内容，即所谓“寓教于乐”“寓教于祭祀”。鼓词演唱的内容以表现朝廷的忠奸斗争、社会上的颂善惩恶、家庭的悲欢离合及爱情故事居多。这些故事通俗易懂，蕴含着浓郁的文化韵味，主要体现了中华传统文化的优秀思想。这些思想影响了一代又一代温州人，直至今日，仍有深深的痕迹。

（二）凝聚力评价

“忠孝善贤的传统价值观”“与时俱进、不断创新的演艺方式”“富有地方特色的唱腔和曲调”作为温州鼓词的核心基因，有利于增强乡亲和睦、社区和谐、尊敬老人、增加爱心，群众自发参与，具有强大的凝聚力。

（三）影响力评价

“忠孝善贤的传统价值观”“与时俱进、不断创新的演艺方式”“富有地方特色的唱腔和曲调”作为温州鼓词的核心基因，对于建设新农村，提高村民素质，弘扬社会新风尚有着较大的促进作用。

（四）发展力评价

温州鼓词的“忠孝善贤的传统价值观”“与时俱进、不断创新的演艺方式”“富有地方特色的唱腔和曲调”的理念具有很强的转化能力。利用温州鼓词的品牌，建设温州非物质文化产业基地，营造宣传温州鼓词的特色演出场所，推广温州鼓词，具备良好的创造性转化、创新性发展前景。

三、核心基因保存

“忠孝善贤的传统价值观”“与时俱进、不断创新的演艺方式”“富有地方特色的唱腔和曲调”作为温州鼓词的核心基因，《温州鼓词探究》《温州鼓词的声腔研究》《曲苑非遗，乡音流芳》等7项文字资料保存于平阳县文化基因解码调查组资料库。

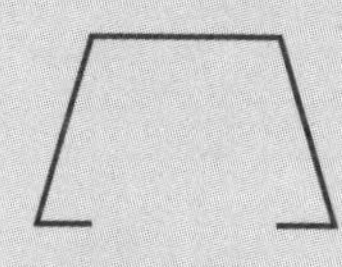

东岳观道教音乐

腾鳌拓海　平阳文化基因

东岳观道教音乐演奏现场

东岳观道教音乐是全国唯一通用的全真派道教传统仪式音乐，本来失传已久，道教界四处寻觅未见着落，连祖庭北京白云观也只好唱“北京韵”。直至 1979 年，随着改革开放，落实宗教政策，才在温州最古老的道观平阳东岳观被发现，同年 5 月，由该观住持马诚起举办培训班，现任中国道协副会长、河北省道协会长、原苍南燕窝洞道士黄信阳即是本培训班学员之一。1983 年，黄信阳应邀率其他学员吴信威、黄信梁等赴白云观教唱“十方韵”，随即被推任白云观监院兼音乐团团长。

次年，马诚起、李诚松、董宗规等也相继赴白云观执教。从此，白云观的仪式道乐即改用“十方韵”，并多次赴港、台及新加坡等地传唱。

经查证，平阳东岳观“十方韵”于清末传自本省著名宫观黄岩委羽山大有宫，由该宫全真道龙门派第19代宗师林圆丹、薛圆顺传入平阳，至今已传承七代，传承谱系十分清晰。

平阳东岳观现存“十方韵”曲目计67首，除去韵曲旋律相同者，实为33首。分别用于早课、晚课、五师供、诸真朝、焰口等仪式。其中早课有《澄清韵》等14首，晚课有《举天尊》等13首，五师供有《步虚韵》等10首，诸真朝有《三宝词》等10首，焰口有《叹骷髅》等20首。

在传承中为满足斋主的需求也吸收当地音乐，如佛教的《和尚板》、和剧的《洛梆子》、瓯剧的《二汉》等乐曲。

目前，东岳观“十方韵”道乐，已由曹本冶、徐宏图整理出版《平阳东岳观道教音乐》一书，并由黄信阳副会长主编制成碟片在全国发行，流传海内外，全国凡属全真道的宫观已大部分采用“十方韵”，可见其意义与影响之深远。

一、要素分解

（一）物质要素

1. 平阳东岳观

平阳东岳观位于平阳县昆阳镇坡南汇头寿桃山麓，原名“宗志观”，始建于宋英宗治平三年（1066）。绍兴年间改名福宫。清光绪五年（1879），以前殿崇祀东岳大帝而改为今名。它是温州地区现存最古老的道观，也是全省较有影响的全真派庙宇之一，1985 年被定为平阳县重点文物保护单位。

2. 丰富的演奏乐器

东岳观道教音乐的演奏乐器种类繁多，主要乐器有鼓、木鱼、磬、小镗锣、京二胡、二胡、中胡、三弦、堂鼓、皮鼓、小锣、宝钟、手铃、笛、小鱼、唢呐、镗等。

（二）精神要素

民众心灵安宁的精神向往

东岳观道教音乐是传统文化的积淀，反映了本地的宗教信仰和民风民俗，是道教内涵向外延伸的演艺形式。在祭告神灵、消灾赐福、炼度亡魂等过程中，道教音乐扮演着重要的角色。民众通过外向行为的有声表现来表达其内向敬道悟道的宗教情感，以此来满足祈求、祝愿和悼念等心理需要。

（三）制度要素

1. 规范的科仪程序

东岳观道教音乐有严格的科仪程序，自上午7：10开始，至晚上20：40分止，程序如下。7：10分羽众进场，法鼓三通，奏开场锣鼓。7：20分早课，司乐奏《小过场》，全体羽众唱《澄清韵》“天无氛秽”、《举天樽》“大罗三宝天尊”、《吊挂》“真心清净”、《香供养》、《提纲》“一炷清香”、《小启请》“道场众等”、《提纲》“群仙朝上帝”，念《净心咒》《净口咒》《净身咒》《安土地咒》《净天地神咒》《香赞咒》《金光咒》《玄蕴咒》《清净咒》《心印妙经》《玉清宝诰》《上清宝诰》《太清宝诰》《玉帝宝诰》，唱《弥罗诰》，念《天皇宝诰》，唱《普化宝诰》、《提纲》“人心皆散乱”、《转天尊》“九天应天尊”。8：20休息。8：45司乐人员鸣法鼓，发奏，司乐奏《小过场》，部分羽众启坛《香赞》“祥云初起”。9：30休息。10：00司乐奏《小开门》，主法唱《水赞》“东井渊”。20：40道场毕。

2. 规范有序的传承方式

平阳东岳观传承道教音乐以举办培训班为主要方式，对该县和周边地区的学员进行培训，并在东岳观建设东岳观道教音乐传承基地，以图文介绍、实物展陈相结合的形式布置东岳观道教音乐陈列室，供民众参观了解，还提供场所、空间平台，方便东岳观道教音乐爱好者座谈、交流。在培训班的基础上，专门筹建一支东岳观道教音乐演奏队伍，定期举行演练，提高演奏技艺。在培训班之外，东岳观道教音乐的传承通过各类展演活动来推动。展演活动包括在东岳观内举行的法事、盛会等。如农历三月十八与九月初九是东岳大帝和斗姥天尊的诞辰，近几年都会举办大型宗教活动，其中就有东岳观道教音乐的演奏演唱，每年吸引了平阳境内及周边上千群众参加，成为影响较大的年度盛会。近两年举办过大规模的东岳观道教音乐展演活动，还有2015年7月在鳌江国际大酒店举办以东岳观道教音乐为代表的道教音乐交流会，温州地区11个县市区的道教界人士及省道协多人参加。2015年9月，在东岳观内举行道教科仪音乐法会，参与群众600余人。

2016年，平阳县举办第三届市民文化节“大美非遗·文化传承”东岳观道教音乐专场展演活动。

2016年农历十一月初八至初十，在东岳观举行“泰和仙曲·东岳纳福”平阳东岳观950年庆典活动，吴崇悦道长携众表演了《三宝香》《泰和之音》《开天符》《三皈依》等道教音乐，当地的两项国家级非物质文化遗产“温州鼓词”“平阳木偶戏”也在庆典现场分别演出了《莲花声声家乡美》《徐策跑城》。浙江省道教协会发来贺信，称赞平阳东岳观是浙江省开放的重点道教活动场所，祝愿千年古观保存道教优秀文化传统，挖掘古老文化内涵，与山川共存，与日月同辉。

3.“十方板”曲

平阳东岳观现存“十方板”曲目共计67首，除去韵曲旋律相同者，实为33首。分别用于早课、晚课、五师供、诸真朝、焰口等仪式。其中早课有《澄清韵》等14首，晚课有《举天尊》等13首，五师供有《步虚韵》等10首，诸真朝有《三宝词》等10首，焰口有《叹骷髅》等20首。在传承中为满足斋主的需求也吸收当地音乐，如佛教的《和尚板》、和剧的《洛梆子》、瓯剧的《二汉》等乐曲。

4.兼具古代宫廷音乐和传统民间音乐风格

观道教音乐，是中国宗教音乐之一。道教音乐是道教仪式中不可缺少的内容，它具有烘托、渲染宗教气氛，增强信仰者对神仙世界的向往和对神仙的崇敬。道教音乐吸取了中国古代宫廷音乐和传统民间音乐的精华，渗入道教信仰的特色，形成道教音乐的独特艺术风格，也是中国传统音乐的重要组成部分。

5.独特的韵曲运用方式

平阳东岳观“十方板”在仪式中的运用，按照韵曲与经文的关系以及韵曲与仪式的关系，以一词多曲、一曲多用两种为主。“一词多曲”，即同首词可配不同的曲。如“中元普度科仪”《五师供》科仪中的《请五圣》和《焰口》科仪中的《叹文》即是。东岳观“十方板”在仪式中最普遍的运用是一曲多用。一曲多用包括两个方面：一方面是指某一韵曲在不同仪式场合中使用配以不同的唱词，另一方面是指在词、曲不变的情况下用在不同科仪中。前者如早课、晚课、诸真朝科仪中的《举天尊》《提纲》等曲调相同的韵曲，配上不同唱词而用于不同仪式程序中；后者如早课、晚课中的《小启请》《三皈依》等，同曲同词用在两个仪式之内。伴随一曲多用的往往是同曲多变，即在韵曲主体保持不变的原则之中寻求表层旋律细节的变化。

二、核心基因提取与评价

基于对材料的全面、深入分析，得出本文化元素的核心基因表述为：“民众心灵安宁的精神向往”“规范的科仪程序”“兼具古代宫廷音乐和传统民间音乐风格”。

东岳观道教音乐核心文化基因评价依据

<table>
<tr><th>评价项目</th><th>评价因子</th><th>评价依据（特点）</th><th>是否</th></tr>
<tr><td rowspan="6">生命力评价</td><td rowspan="4">文化基因存续的时间</td><td>自出现起延续至今，未曾明显中断</td><td>√</td></tr>
<tr><td>自出现起延续至今，但多次衰微、中断后复兴</td><td></td></tr>
<tr><td>曾明显衰败，改革开放后开始复兴或历史溯源关键环节缺失，难以考证</td><td></td></tr>
<tr><td>文化形态主体已灭失，现存部分痕迹</td><td></td></tr>
<tr><td rowspan="2">文化基因的稳定性</td><td>在发展过程中保持相当稳定的状态</td><td>√</td></tr>
<tr><td>在发展过程中存在明显的精神内涵、表现形式剧变</td><td></td></tr>
<tr><td rowspan="4">凝聚力评价</td><td rowspan="4">文化基因的凝聚力及社会动员效果</td><td>曾广泛凝聚起区域群体的力量，显著推动过社会经济文化的发展</td><td></td></tr>
<tr><td>曾部分凝聚起区域群体力量，对社会经济文化的发展产生过影响</td><td>√</td></tr>
<tr><td>凝聚过力量，创造过实际的发展动能，但未见对社会经济文化发展产生显著改变</td><td></td></tr>
<tr><td>仅在历史文献或口耳相传中存在，未见实际介入社会经济发展</td><td></td></tr>
</table>

续表

<table>
<tr><th>评价项目</th><th>评价因子</th><th>评价依据（特点）</th><th>是否</th></tr>
<tr><td rowspan="5">影响力评价</td><td rowspan="3">辐射的范围</td><td>具有全国性、世界性的影响力</td><td>√</td></tr>
<tr><td>具有长三角区域、浙江省影响力</td><td></td></tr>
<tr><td>具有市县、乡镇影响力</td><td></td></tr>
<tr><td rowspan="2">提炼的高度</td><td>已经被古代文人士大夫和当代学者提炼为精神符号和理念理论</td><td>√</td></tr>
<tr><td>单纯的样式、造型、工艺技术规范</td><td></td></tr>
<tr><td rowspan="3">发展力评价</td><td rowspan="3">与当代精神追求和价值观念的契合</td><td>传统文化基因得到创造性转化、创新性发展；区域革命文化基因被完整继承、广泛弘扬；区域社会主义先进文化基因成为与浙江“三个地”相适应的文化高地</td><td></td></tr>
<tr><td>部分转化、部分弘扬、部分发展</td><td>√</td></tr>
<tr><td>难以转化、难以弘扬、难以发展</td><td></td></tr>
<tr><td colspan="4">说明：基因特点评价是对解码出来的基因，根据本《导则》表 2 的要求，围绕“四个力”逐一对表打“√”，进行定性表述</td></tr>
</table>

（一）生命力评价

“民众心灵安宁的精神向往”“规范的科仪程序”“兼具古代宫廷音乐和传统民间音乐风格”作为东岳观道教音乐的核心基因，历经几百年的传承和发展，对当代社会的和谐稳定仍然具有强大的生命力。

（二）凝聚力评价

“民众心灵安宁的精神向往”“规范的科仪程序”“兼具古代宫廷音乐和传统民间音乐风格”作为东岳观道教音乐的核心基因，几百年来一直承担着抚慰民众心灵安宁的职责，在基层民间具有强大的凝聚力。

（三）影响力评价

东岳观道教音乐在中国道观中保持得最完整，北京白云观、杭州抱朴道院都采用该音乐。经浙江艺术职业学院研究员徐宏图和香港中文大学教授曹本冶对东岳观道教音乐进行采访，全面记录，并出版《平阳东岳观道教音乐研究》一书向国内外发行后，引起了国内外专家学者的关注和重视。该音乐被平阳县人民政府列入首批非物质文化遗产名录进行保护。

（四）发展力评价

“民众心灵安宁的精神向往”“规范的科仪程序”“兼具古代宫廷音乐和传统民间音乐风格”作为东岳观道教音乐的核心基因，在当下社会和现实生活中被赋予了很多新的内容，具有一定的发展潜力。

三、核心基因保存

“民众心灵安宁的精神向往”“规范的科仪程序”“兼具古代宫廷音乐和传统民间音乐风格”作为东岳观道教音乐的核心基因，《东岳观道教音乐》《传承久远流韵四方》等5项文字资料保存于平阳县文化基因解码调查组资料库，另外，出版物和古文古籍有《平阳东岳观道教音乐研究》。实物资料平阳东岳观建筑、音乐乐器、道具现存于浙江省平阳县昆阳镇寿桃山麓。

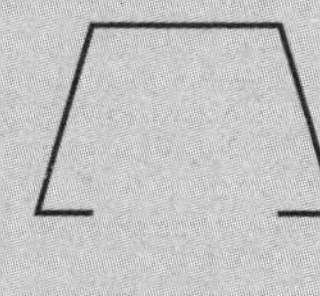

平阳坡南古街

腾鳌拓海　平阳文化基因

平阳坡南古街

坡南古街

坡南古街，在许多人的心目中，是平阳的文化符号，是老昆阳人的精神家园。坡南古街伴随了平阳 1700 多年的历史，见证着平阳各个历史时期的盛衰变化，培育了坡南人从农、从工、从商、从军、从文等各路人才，是平阳历史文化的一个缩影和重要载体。

平阳县建于西晋太康四年（283），迄今已有 1700 多年的历史。平阳县县城昆阳镇解放街通福门以南的凤凰山、九凰山之间的地域，被统称为坡南。从通福门沿坡往南至夹屿山，周围山峦相连，中成盆地，塘河贯穿，人烟稠密。清代曾在此设坡南镇，与横阳镇同属县直属镇。1941年，坡南镇撤销，归并昆阳（城关）镇。

在坡南，有一条老街叫坡南街，当地人习惯地称之为“坡南老街”，是凤凰山与九凰山形成的一个隘口下的街道。

《平阳地名志》记载：“坡南街，位于本镇之南。因路面由北向南倾斜，形成小坡，故名坡南街。”从通福门至坡南埠头1440米的主干道，是坡南街最繁华的地段，富户居多，经济发达。据民国《平阳县志》之《邑南大路告成碑记》，道光年间修坡南石板路，“自县城南门至坡南夹屿桥约九百余丈”。

坡南街一带在唐代就有人生息繁衍。唐贞元初，京兆人路应任温州刺史，筑堤“横阳界中”，修筑鳌江北岸至坡南海塘。宋时，又修筑东塘河至江口、西塘河至钱仓，有效改善了坡南至鳌江一带的水利条件。坡南塘自平阳县城以南的夹屿桥分为两支南行，略成人字形，沿着山麓平原蜿蜒，分别于钱仓镇和鳌江镇注入鳌江。民国《平阳县志》卷七《建置志三·水利上》记载：“坡南塘起自县城坡南夹屿桥，西至钱仓为西塘；南至江口为南塘。各二十五里。旧为土塘，遇潦涝即圮坏。宋嘉泰元年（1201），郑廉仲以石砌南塘。宋人黄汉章和陈傅良均有《坡南塘》诗咏其事。”坡南塘、东塘、西塘修竣后，南来北往客货均由坡南埠头启运或上岸。

唐宋以后，平阳渐成“两浙咽喉、八闽唇齿”，坡南随之成为浙闽要冲。据《浙江古代道路交通史》所载，唐宋时温州古道，“自温州向南经瑞安、平阳，出分水关入福建霞浦至福州，是浙闽之间最早的通道”。在平阳，向南有横阳古道和南港古道，而无论是横阳古道还是南港古道，平阳县城坡南都是不可逾越的必经要道。坡南作为平阳县城内河航线起始点之一，从瑞安、温州等地以北到南下福建等往来交通，多是乘河轮经由温瑞塘河转平瑞塘河在平阳县城北门上岸，步行至坡南街再乘河轮到鳌江再前行。

便利的交通让坡南成为县城最为繁华的经贸集散地。由于来往的过客多，带来了商业经济的繁荣，当年坡南沿街店铺林立，热闹繁荣的景象延续了数百年，形成极具地方特色的旧街风貌。

清末民初以来，随着温瑞、瑞平河轮的开通和鳌江港的开发，通福门下的坡南街作为南来北往的人货集散要地，繁华程度达到了顶峰。江南、小南、北港人货运达县城、温州，几乎都要通过坡南街。民国期间，国民党的法院、“三青团”、平阳日报社、县警察局、县救济院等行政事务机关也都驻扎在坡南街，带来了源源不断的人脉、物流。民国《平阳县志》卷五《建置志》称：“南门干路有两条，一是自南门外南行，过夹屿、象山、塘边、垂杨街、钱仓市至东江，过萧家渡，经萧家渡街、杨梅庄、中平桥、黄坑、横渎、铺河口、灵溪市、水头街、相公亭、柳阳、桥墩市关帝庙至分水关一百一十里，为泰顺县、福鼎县分界处……另一条是自南门外南行经夹屿、丰山、蓝田、下程至江口北步渡横阳江，由江口南步经象冈、刘店、方梁、章梁、第二河、缪家桥、芦浦街、宋家港、马鞍桥、灵峰、黄家宅入金乡城，过金乡市，越梅岭小濩，经石塘沙坡越后陇岭、双牌岭、七溪市，越三步擂岭、车岭、过马站市，入蒲门所城，经蒲门市墨林至沙埕岭，一百二十八里五分，为福鼎县界。”这两条路都是从南门外经坡南过夹屿，然后往东南或西南行走，坡南街是必经之路。

从坡南轮船码头经坡南街、解放街直达县城北门轮船码头的人力板车运输持续繁忙了数十年。《平阳县志》记载：“内河航线运输的货物，大都在昆阳镇坡南集散。”

如此繁华的货运量与客流量一直持续到了改革开放时期。1965—1978年，昆阳至鳌江航线每天12班次，平均日客运量2500人次，高峰时可达4000人次。直至20世纪80年代后，随着城市功能的转变，公路运输的发展，坡南街这条古通衢才渐渐淡出历史。

交通的便利，带动了经济、文化的繁荣；千年的孕育，造就了坡南街的辉煌。千年学宫牵动着平阳文脉，高耸的文明塔关系着平阳学运。

清光绪二十八年（1902），平阳县学堂在坡南创建，当时平阳文化教育的先贤刘绍宽、陈锡琛等受了维新变法的影响，抱着以教育振兴国家的热情创办了这所学校。学校初名平阳县学堂，是平阳从私塾、书院的传统授徒形式进入现代规模教学的开始，也是温州地区最早的较具规模的小学之一。民国元年，平阳县学堂定名为县立第一高等小学。

1938 年，平阳县立初级中学在坡南凤凰山下原县学宫筹办，并于 1941 年正式建成，后改名为平阳县立中学。新中国成立以后，平阳县学堂改名为平阳县中心小学，平阳县立中学改称平阳第一中学，两校为国家造就了大批人才。

1958 年，平阳师范学校创立于坡南。2001 年，该校撤销建制并入温州师范学院，又在坡南建立温州师范学院分校。1962 年，东风中学创办于坡南，1964 年并入平阳中学。1979 年，浙江广播电视大学平阳分校建于坡南凤凰山下。1993 年，浙江平阳武校创办于坡南三排口。2006 年，平一中迁建夹屿山南文明塔下。

坡南街作为交通通衢，在历史长河里，历经千年以上；作为商业镇，度过 600 多年；作为战争文化标志，城墙及城门也完成了历史使命。这座历史老街历经宋、元、明、清、民国至今千年的风雨洗礼，汇聚了古城门、千年道观、牌坊、古桥、古井、古塔等众多人文景观和历史遗迹，积淀了丰富的历史文化，成为平阳县历史文化的重要载体，同时也是温州市最具代表性的重要历史街区之一。2006 年，坡南街被温州市人民政府命名为温州市第一批历史文化名街区。2012 年，平阳坡南古街被浙江省人民政府命名为浙江省历史文化名街区。

一、要素分解

（一）物质要素

1. 通福门

通福门是坡南街的出入口。通福门，原名通福楼，为木石二层谯楼式结构，是旧时通往福建的必经之路，故名“通福”。清道光六年（1826），白石河街项氏母林太孺八十寿诞，其裔孙项佩琛及家人为表祝贺，筹资千余金，对倾圮已久的通福楼进行修复，众始称“通福门”。阁楼正中的南面有一对石柱，上面刻着对联：“星垣连北斗；驿路达南闽。”这是坡南古街作为古时候最为繁华的经贸集散地的佐证。民国时期，通福门一度改为“识字门”。1949 年平阳解放，改称为“解放门”。20 世纪 80 年代恢复“通福门”原名。1986 年，通福门被列为第一批平阳县级文物保护单位，2004 年进行整体维修。整修后的通福门，依旧敞开胸怀迎接行人，通道两侧设条石凳供行人歇脚、纳凉。

2. 三皇庙和三官庙

坡南街汇头有三皇庙，即药王庙，祭祀伏羲、神农、黄帝。坡南河头有三官庙，现改成问津亭。三官庙原承天灵应庙，祭祀天地水符三官。在农耕社会里，人们希望风调雨顺、五谷丰登、人畜兴旺、国泰民安。这些庙宇也是古代坡南人的精神支柱。

3. **古石桥**

坡南街依河而建，沿街百姓枕河而居，坡南河两岸民众全靠河上的石板桥沟通交流。随着民居和人口的增加，河上的石板桥日益增多，久而久之，一座座古朴美观的石板桥成了坡南旧街的一道亮丽风景线。民国《平阳县志》载：“受新罗山昆山之水分流，夹道岭门山水亦东西分注。至汇头，始合为一。南行至隘门，为桥，凡十有四，曰：聚星桥、永寿桥、紫云桥、凤仪桥、渡星桥、古仕巷桥、永宁桥、儒林一桥、古仓前桥、通德桥、永宁桥、治平桥、萃英桥、毓秀桥。”

4. **茶亭**

茶亭是坡南古街的标志性建筑之一。茶亭位于坡南街上坡段，茶亭建造年代久远，自古便给南来北往商贾、文人墨客提供诸多便利，是古人情感寄托的实物载体。作为平阳古驿道重要组成部分，茶亭具有较高的文化研究价值。据 1999 年重修碑记，茶亭始建于西晋年间。又据传，茶亭原本是“证真寺”头门的一座亭，它供浙闽南北通衢来往客商歇脚之用。右侧原有石槽，是元初乡绅宋士荣用百竹引接山泉贮水，便人取饮。每逢暑夏，善事者泡制伏茶供行人解渴，故名“茶亭”。亭前盖有雨棚为行人避雨纳凉，设有排石座位，供过往客休憩。

5. **宫庙寺观**

一直以来街区四周有很多宫庙寺观，如证真寺、东岳道观、新罗太子观、五福招财庙、东林禅院等，它们和谐相处了千百年。

6. **古牌坊与仪门**

坡南街旧属儒林坊，孔庙就在坡南凤山脚下。在坡南街有两处体现儒家思想的古建筑：一是“师儒侍养”牌坊；二是仕巷口的孔庙仪门。牌坊是宣扬、褒奖忠孝仁义儒家思想的“光荣榜”。明代制度，凡贡生、举人、进士，官授牌坊。坡南街原有牌坊八座，如世英，为陈奎立；文魁，为陈玑立；明刑，为陈宣立；而现在只留有为郑思恭立的“师儒侍养”牌坊。位于孔庙路口的地仪门是清嘉庆三年任平阳教谕周瑾所建的。旧时，孔庙是春秋两祭的，且祭祀时很隆重，所以在数百米外建有仪门，文官至此下轿，武官至此下马。旧时还有下马石，现已失。仪门外有一个亭，亭的左边有一座全部用砖烧制部件搭建而成的小殿。现在还祭祀着天、地、水三位神仙，每月逢初一、十五还有乡人上香。

7.**太子庙和天后宫**

坡南街汇头有座新罗太子庙，原名叫灵护庙，俗称汇头殿，祭祀新罗太子。1949年后，该址改为烈士墓。群众又迁新罗庙于新罗山。相传唐时，新罗太子航海朝见，遇风溺于海，显灵此山，以保护航海人。原庙在新罗山，南宋时迁儒林大街，于明代天顺甲申重修。此可见，宋元时，海上贸易、海上漕运及渔业十分发达。新罗太子溺海化为神，保佑航海平安，人们在出海前，前往烧香，或举行出海仪式，正是海洋文化的一部分。只因时日久远，明清两朝又屡屡禁海，故此渐被忘却了。海洋文化的遗迹，在岭门还有一座天后宫为证。其神称妈祖，福建湄州岛林氏女，是海神，能使“海不扬波”，香火也盛。两位海神落户平阳，都是古代海洋文化的见证。

（二）精神要素

崇文重教的传统

平阳素有“东南小邹鲁”的称号，自古以来，人文荟萃、人才辈出。而在坡南，交通的便利，带动了经济、文化的繁荣。坡南自古以来崇尚儒家文化思想，在坡南建有孔庙；千年以来也出过不少的举人文人。清光绪二十八年（1902），平阳文化教育的先贤刘绍宽、陈锡琛等受了维新变法思想的影响，抱着以教育振兴国家的热情，在坡南创办了平阳县学堂，如今已是百年名校——平阳县中心小学。1938年在坡南创办的平阳县立初级中学，在新中国成立之后改称平阳第一中学。两校为国家造就了大批人才。

（三）制度要素

1.**祭祀东岳大帝寿诞的民俗**

每年的三月二十八日是东岳大帝寿诞，这一天，坡南的东岳观内人山人海，来参拜的人络绎不绝，祈求平安。传说三月二十八日为东岳大帝生日。东岳大帝为道教神名，是执掌人间赏罚和生死大事的泰山之神。东岳为“五岳”之一，即我国东岳泰山，为五岳之首、群山之祖、五岳之宗、天帝之子、神灵之府。秦汉以前，认为泰山为峻极之地、人与人相通之圣地，对其极为崇拜与敬畏。所以，帝王登基，必亲临泰山封禅告天。东岳大帝在道教中地位很高，每年三月二十八日，各地信众皆汇集坡南东岳观举行盛大庆典活动。

2. 祭祀新罗太子爷寿诞的民俗

在坡南汇头殿供奉新罗太子，据传新罗太子是九月十一寿诞，所以每年九月十一新罗太子寿诞汇头殿都有做戏，周围的信众都来参拜，而且在每个月农历十一都有信众在汇头殿参拜。

二、核心基因提取与评价

基于对材料的全面、深入分析，得出本文化元素的核心基因表述为：“各类古建筑遗存”“崇文重教的传统”。

平阳坡南古街核心文化基因评价依据

评价项目	评价因子	评价依据（特点）	是否
生命力评价	文化基因存续的时间	自出现起延续至今，未曾明显中断	√
		自出现起延续至今，但多次衰微、中断后复兴	
		曾明显衰败，改革开放后开始复兴或历史溯源关键环节缺失，难以考证	
		文化形态主体已灭失，现存部分痕迹	
	文化基因的稳定性	在发展过程中保持相当稳定的状态	
		在发展过程中存在明显的精神内涵、表现形式剧变	√
凝聚力评价	文化基因的凝聚力及社会动员效果	曾广泛凝聚起区域群体的力量，显著推动过社会经济文化的发展	√
		曾部分凝聚起区域群体力量，对社会经济文化的发展产生过影响	
		凝聚过力量，创造过实际的发展动能，但未见对社会经济文化发展产生显著改变	
		仅在历史文献或口耳相传中存在，未见实际介入社会经济发展	

续表

评价项目	评价因子	评价依据（特点）	是否
影响力评价	辐射的范围	具有全国性、世界性的影响力	
		具有长三角区域、浙江省影响力	√
		具有市县、乡镇影响力	
	提炼的高度	已经被古代文人士大夫和当代学者提炼为精神符号和理念理论	√
		单纯的样式、造型、工艺技术规范	
发展力评价	与当代精神追求和价值观念的契合	传统文化基因得到创造性转化、创新性发展；区域革命文化基因被完整继承、广泛弘扬；区域社会主义先进文化基因成为与浙江“三个地”相适应的文化高地	√
		部分转化、部分弘扬、部分发展	
		难以转化、难以弘扬、难以发展	
说明：基因特点评价是对解码出来的基因，根据本《导则》表 2 的要求，围绕“四个力”逐一对表打“√”，进行定性表述			

（一）生命力评价

平阳坡南古街自唐代起开始有人繁衍生息，到宋代成为交通枢纽，而后逐渐繁华。直到新中国改革开放之后，随着城市功能的转变，公路运输的发展，坡南街这条古通衢才渐渐淡出历史。但如今，坡南老街作为浙江省历史文化名街区，以另外的形式向来往游客讲述着曾经的故事，可以说在新时代的发展过程中，其精神内涵、表现形式发生剧变。

（二）凝聚力评价

平阳自古以来是“两浙咽喉、八闽唇齿”，坡南随之成为浙闽要冲。“星垣连北斗，驿路达南闽”，作为交通通衢的坡南，便利的交通为坡南带来了源源不断的人流与物流，成为平阳县城最为繁华的经贸集散地，商业经济繁荣，沿街店铺林立，热闹繁荣的景象延续了数百年，极大的推动了社会经济文化的发展。

（三）影响力评价

坡南作为平阳县城内河航线起始点之一，是浙闽交通要冲。古时候，此路为主要通道，浙闽之间商贩由此出入；宋代福建省财、货由此海口转运。而在新时代，其交通功能逐渐淡去，完成了历史使命。如今，坡南古街作为呈现与传承坡南历史文化的一种精神符号，积聚了众多人文景观和历史遗迹，积淀了丰富的历史文化，是平阳县历史文化的重要载体，同时也是温州市最具代表性的重要历史街区之一。

（四）发展力评价

2012 年，平阳坡南古街被浙江省人民政府命名为浙江省历史文化名街区，政府将着眼于坡南街区的长远发展，保护和维持历史古街特色，以旅游为先导，重新复苏坡南街的活力。坡南历史文化街区保护规划以保护历史街区、演绎历史文化脉络、改善居住条件、促进旅游发展为原则，形成完整的连续反映坡南街区发展文化特色和建筑特色的街道，并为旅游业发展提供相关设施。坡南街成为温州地区历史文化名街的典型样本区。

三、核心基因保存

“各类古建筑遗存”“崇文重教的传统”作为平阳坡南古街的核心基因，资料保存情况如下：文字资料有《古道坡南》《平阳保护性开发坡南街区》《浙南昆阳镇坡南街的历史探源》等 3 项，保存在平阳文化基因解码调查组资料库；图片材料有 20 张，保存在平阳文化基因解码调查组资料库。

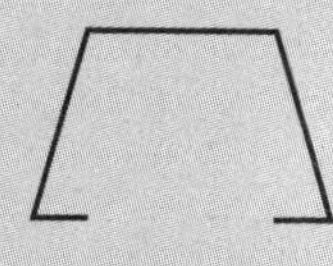

平阳漆器

腾鳌拓海　平阳文化基因

平阳漆器

漆器是我国传统工艺美术史上一颗璀璨的明珠，随着岁月的流转却渐渐蒙尘。平阳漆器历经大浪淘沙，对古老的漆艺进行了大胆创新，使作品更为纤巧莹润，再现明珠风华。

漆器制作起源于何时，已无史可考。然而据记载，虞舜之时“作为食器，斩山木而财之，削锯修之迹，流漆墨其上……禹作为祭器，墨染其外，而朱画其内”，可见中国人认识漆的性能并以之制作器具的历史非常悠久。从目前的考古发现来看，中国最早的漆器距我们已有七千年之遥。

漆器一般是指以木或陶瓷、金属为胚胎，在外涂以透明或不透明的漆而形成的器具。其中有一种特殊的漆器，即夹苎漆器。夹苎漆器以泥塑胚胎为模型，用漆裱上苎麻织成的纻布，并在布面上刮盖漆灰，使麻布与漆层层相叠。根据器物的大小需要，反复裱布、刮灰若干次，利用麻布的张力结构与漆的黏性，做成稳固的胎骨。待漆灰干固后，将内部的泥胎用水溶化脱出，只留中空的夹苎胎，再在胎面上髹漆画彩。这种技艺元代陶宗仪《辍耕录》称之为“抟换脱活”，明清时叫作“脱纱”，现在一般唤为“脱胎”。夹苎漆器轻巧如浮木，便于携带，外观造型胜似陶瓷，既美观又耐用。郭沫若曾如此赞叹脱胎漆器：“天下谅无双，人间疑独绝。”夹苎技艺源于战国时期，兴于汉代，成熟于魏晋。它的发展与佛教的兴盛有着密不可分的关系。相传古印度有所谓“行像”的传统，即于宗教庆典时,从寺院迎请佛像,载之以车,巡行城内。佛教传入中国后，魏晋南北朝时期，“行像”仪式也渐流行于中国。若佛像为石刻，其重量可想而知。相比之下，夹苎塑像质地轻便，利于携运,“夹苎”之法因此广为流行。同时，中土寺院规模越来越大，佛像制作也随之越来越高大，石材、木材又取之非易，脱胎夹苎漆像可谓应运而生，盛极一时。然而唐朝晚期两度灭佛后，绝大多数漆艺佛像被毁坏，佛教造像的夹苎技艺也渐趋衰败。

夹苎技艺是中国传统器形工艺中，漆工艺含量最高的胎骨制作技法。它能使漆器的形态更为精细，尤其在几何曲线和自由曲线上，具有其他胎骨造型法无可比拟的表现力。夹苎漆器的制作程序分为制胎和装饰，这两部分看上去很简单，实际操作却需要熟练的技艺、丰富的经验以及足够的耐心，所需的工具就有数十种之多，包括碎机、拌棍、剪刀、刻刀、夹子、画笔、推皮、刷子、喷机等。从选料、塑胎、髹饰到成品，每件作品都要经过几十道甚至上百道工序。工艺非常复杂，制作和阴干都十分费时，一器之成往往需要数月之久。

夹苎漆器的最大优点是色彩瑰丽、光亮如镜、轻巧坚固、不怕水浸、不变形、不褪色、耐高温、耐酸碱腐蚀。在浙江平阳的西部山区，有一座风情浓郁的千年畲乡——青街。近百年来，平阳漆器制作技艺在这里代代流传，其技艺正是典型的夹苎漆器技艺。青街四面环山,环境清幽,常年温暖湿润,为漆器生产提供了良好的温度和湿度环境，有利于漆器形成最佳的光泽、硬度、附着力和漆膜。

平阳漆器制作技艺源于 1920 年，为第一代传人李行撑在福州学习脱胎漆器所得。经李氏祖孙 4 代传承发展，不仅继承了生漆脱胎佛像雕塑工艺，还形成了独具特色的漆器修饰技艺。2012 年，平阳漆器制作技艺被列入温州市非物质文化遗产名录。

平阳漆器主要采用天然生漆、陈年瓦灰、夏布等为原料，纯手工制作，环保无污染。从塑坯、制模、选料、上灰、裱布、涂抹、修饰至成品，每件成品要经过数十道甚至上百道工序。制成后的作品庄严美观、防水、耐酸碱、不易褪色变形，且保存年限长，收藏价值高，成为众多名山古刹争购的珍品。近年来，平阳漆器先后被新加坡大绝寺、河南开封大相国寺、江苏南通南山寺等名刹古寺以及温州市非遗馆、平阳县佛教博物馆等馆所收藏保管。目前，平阳漆器分别在平阳、广东湛江、云南曲靖及陕西西安等处开设产品展示馆，积极开拓国内市场。同时，平阳漆器积极参加国内外会展，斩获了第 9 届中国莆田海峡工艺品博览会优秀作品金奖、第 10 届中国义乌文化产品交易博览会工业美术银奖等。2015 年，三宝佛等作品远销意大利，顺利进入海外市场。

平阳漆器展示了我国传统技艺的原始面貌、优秀的乡土文化以及民间艺人的高超技艺，是宝贵的非物质文化遗产。同时，平阳漆器产品远销国内外，市场前景广阔，有力地推动了当地文化品牌建设，带动了当地民众就业，具有巨大的产业化潜力和创汇能力。

一、要素分解

（一）物质要素

优越的地理环境

由于平阳漆器要求器面漆膜平、光、亮，不能有瑕疵、灰尘粗粒，故而平阳漆器生产周期最短也需要一周左右，最长竟要好几个月才能成品。在此周期内，每上一道工序都得有让漆膜干燥间歇的时间，而其中漆性的掌握是重要环节，即漆膜干固光亮更需掌握天时气候之多变，稍有不慎，都会发生质量事故，就必须立即返工，否则就不可能制出质量完美的成品。因此，在漆器生产中，天时气候占有极为重要的地位，所以，并不是每个地区都能具备制作漆器的自然条件。平阳漆器技艺的传承地青街四面环山，环境清幽，常年温暖湿润，为漆器生产提供了良好的温度和湿度环境，有利于漆器形成最佳的光泽、硬度、附着力和漆膜，给漆器的制作生产中漆的干燥提供了自然条件。

（二）精神要素

兼具工匠精神和艺术气质

从选料、制模、塑胎、髹饰至成品，每件漆器成品要经过数十道甚至上百道工序。制作和阴干等工序十分费时，一件漆器作品往往需要几个月才能完成，有些漆器珍品的制作甚至长达两三年。从事平阳漆器制作技艺的匠人，不仅要吃苦、好钻研，而且要耐得住寂寞，勤勉努力。

同时，平阳自古经济繁荣，文化传统深厚，孕育了众多文人书画家。正统的艺术气质在一定程度上渗入民间艺术，对其题材、形式与审美情调产生了深远的影响，促成了民间艺术的雅化。在漆器装饰中，很多内容体现了文人士大夫的意境。如山水题材，吸收了元、明、清的文人山水画的构图与格局，呈现出空灵的艺术格调、寄寓人的道德追求，这也是漆器装饰内容中重要的一部分。另外，代表文人风雅情趣的“四艺图”，即琴棋书画，也时常出现在漆器装饰中。

（三）制度要素

古老的描金彩绘技艺

描金是描绘装饰工艺的一种，是指在加工完成的胎体上，用金粉直接描绘纹样，不再罩漆，不再研磨，也不需要推光，画完即了者，也称泥金。《髹饰录》载：“描金，即纯金花纹也，朱地，黑质共宜焉。”早在战国、汉代就已掌握用金的方法，至两宋更有不间色纯描金漆器出土，主要如温州瑞安慧光塔出土的北宋堆漆描金舍利函和经函。舍利函高 41.2 厘米，底宽 24.5 厘米，通体髹棕色漆，用堆漆描金饰菊花纹和神兽等，嵌小珍珠。经函外函除用漆堆塑佛像、神兽、飞鸟、莲花等，还金绘飞天、乐器、祥鸟和花卉，非常精巧，不仅是漆器中的珍品，也是宋代重要的绘画作品。经函长 33.8 厘米，宽 11 厘米，高 11.5 厘米。除函底外，都加以工笔金描。此函金色花纹与一般的描金涂器做法不同，是用金粉调胶，直接用笔画到漆面上去的，表面不再罩漆保护。四周绘鸟纹八团，菊花形地纹，须弥座绘神兽，地纹为菱形网状，绘画风格挺拔自如，线条细若游丝，运笔生动，技法高超，令人叹为观止。可以说，此函反映了当时漆器发展的最高成就。彩绘也是描绘装饰工艺的一种。《髹饰录》有云：“一名描华，即设色画漆也，其文各物备色，粉泽灿然如锦绣。”说的就是彩绘。彩绘又有描漆彩绘、描油彩绘、干著彩绘之分别。彩绘作为漆器装饰工艺手法，在我国有着非常悠久的历史。在考古发掘中，河姆渡遗址出土几件木漆器上就有简单的彩绘。

描漆彩绘,即以漆调彩,可以单色,也可以复色,当然还可以用更多色彩。多为平涂，或点线面结合。后来又有了渲染,画出阴阳明暗。还可以与描金、晕金相结合，色彩绚丽，富有装饰性。如清末民初温州描金彩绘圆木盒。此盒盖顶上饰描金戏曲人物纹和花卉纹，其余部分髹绿色漆,彩绘折枝花卉纹、变形回纹等装饰。彩绘折枝花卉纹，色泽古朴典雅。

描油彩绘，就是以油（多为桐油）代漆调制颜料。这样可以调出鲜艳的色彩，所以《髹饰录》说“无不备天真之色”。日本称“密陀绘”。如民国的温州金漆凤形果盘、描金戏文故事纹八边形木提篮和绿漆荷叶形盆。

（四）语言和象征符号

1. 丰富多彩的漆器装饰图案

平阳漆器的装饰题材丰富多样。一般来讲，装饰题材的选取有以下几条线索：一是从南戏、文人逸趣、民间传说中汲取营养，组合人物图案；二是从身边的人与自然和谐相处的农耕生态中获取题材，如牛羊鸡狗、梅兰竹菊、瓜果蔬菜等；三是博古题材，有琴棋书画、钟鼎古器、法书名画、箫剑文玩；四是各类装饰图案，如缠枝纹、忍冬纹、回纹、龙凤纹、水纹等；五是用文字装饰。

在植物类题材中，以各种花卉纹最常见，总结起来大概有如下主要几种纹饰：牡丹纹、莲花纹、梅花纹、兰花纹、菊花纹、芙蓉纹、卷草纹、石榴纹等。动物装饰图案在平阳漆器上也占有一定的比例，常用动物纹样有麟、凤、龟、龙，这些都是中国人生活中认同的吉祥物。还有鸳鸯纹、鹿纹、羊纹、鹤纹、蝴蝶纹、马纹、鱼纹、蟹纹、公鸡纹、虎纹、狮子戏球纹等，都是十分常见的漆器动物纹饰。

直接利用吉语文字或由文字和花纹组成的图案，也是平阳漆器上传统吉祥图案的构成方式，现在仍广泛运用于漆器装饰中。正如著名美学宗白华先生所说：“中国字象形的，有象形的基础，这一点就有艺术性。”所以，从古代以来，吉语文字就已经作为装饰图案而出现了。文字图案最多的是禄、福、寿，其他文字也都是吉言吉字，如龙、凤、吉祥如意、平安富贵等。

2. **丰富的漆器漆髹色彩**

在历史上，平阳漆器髹漆工艺除了后来人们所知道的黄色、橘黄、金黄色、紫檀红木柚木色、朱红色，以及黑色的推光漆、擦生漆、金漆这些素色素霖的工艺外，还曾有“鹞色、绿色、牙色、锦犀、纯朱、刻花（如木雕或雕漆）、退光、黑光、磨光、卷素、剔金、洒金、泥金、阚螺、漂霞”等。

二、核心基因提取与评价

基于对材料的全面、深入分析，得出本文化元素的核心基因表述为："兼具工匠精神和艺术气质""古老的描金彩绘技艺""丰富多彩的漆器装饰图案"。

平阳漆器核心文化基因评价依据

评价项目	评价因子	评价依据（特点）	是否
生命力评价	文化基因存续的时间	自出现起延续至今，未曾明显中断	√
		自出现起延续至今，但多次衰微、中断后复兴	
		曾明显衰败，改革开放后开始复兴或历史溯源关键环节缺失，难以考证	
		文化形态主体已灭失，现存部分痕迹	
	文化基因的稳定性	在发展过程中保持相当稳定的状态	√
		在发展过程中存在明显的精神内涵、表现形式剧变	
凝聚力评价	文化基因的凝聚力及社会动员效果	曾广泛凝聚起区域群体的力量，显著推动过社会经济文化的发展	√
		曾部分凝聚起区域群体力量，对社会经济文化的发展产生过影响	
		凝聚过力量，创造过实际的发展动能，但未见对社会经济文化发展产生显著改变	
		仅在历史文献或口耳相传中存在，未见实际介入社会经济发展	

续表

评价项目	评价因子	评价依据（特点）	是否
影响力评价	辐射的范围	具有全国性、世界性的影响力	
		具有长三角区域、浙江省影响力	
		具有市县、乡镇影响力	√
	提炼的高度	已经被古代文人士大夫和当代学者提炼为精神符号和理念理论	√
		单纯的样式、造型、工艺技术规范	
发展力评价	与当代精神追求和价值观念的契合	传统文化基因得到创造性转化、创新性发展；区域革命文化基因被完整继承、广泛弘扬；区域社会主义先进文化基因成为与浙江“三个地”相适应的文化高地	√
		部分转化、部分弘扬、部分发展	
		难以转化、难以弘扬、难以发展	
说明：基因特点评价是对解码出来的基因，根据本《导则》表2的要求，围绕“四个力”逐一对表打“√”，进行定性表述			

（一）生命力评价

平阳漆器制作技艺在青街李氏一家已经传承四代。在技艺上，李氏一家不仅继承了生漆脱胎佛像雕塑工艺，还形成了独具特色的漆器修饰技艺。在漆器创作和产品销售上，大批优秀作品涌现，声名鹊起，漆器产品销售地域半径不断扩大，享誉海内外。平阳漆器的兴盛体现了“兼具工匠精神和艺术气质”“古老的描金彩绘技艺”“丰富多彩的漆器装饰图案”三大文化基因稳定的发展和传承，体现了基因强大的生命力。

（二）凝聚力评价

漆器制作技艺是平阳传统工艺的代表，见证了平阳悠久的历史文化和民间艺人的奋斗史。它不仅传承了生漆脱胎佛像雕塑工艺，还形成了独具特色的漆器修饰技艺，丰富了地方文化。就促进地方经济而言，平阳漆器形成了一定的产业规模，为地方民众提供了大量就业岗位，创造了较好的经济效益。作为漆器技艺的核心文化基因，“兼具工匠精神和艺术气质”“古老的描金彩绘技艺”“丰富多彩的漆器装饰图案”是该技艺传承、产业化发展的核心动力。它们广泛凝聚起区域群体的力量，显著推动了社会经济文化的发展。

（三）影响力评价

近年来，平阳漆器先后被国内外名山古刹、博物馆采购、收藏，漆器展示馆落地全国多个城市，漆器产品频频亮相国内外会展，斩获各类奖项。在平阳当地，漆器技艺的产业化发展带动了当地的旅游经济和民众就业，在当地形成了一定的影响力。同时，推动平阳漆器传承发展的核心基因已被当代学者提炼为精神符号和理念理论，在平阳县内具有较强的影响力。

（四）发展力评价

90 多年的历史见证了平阳漆器技艺的传承创新、发展壮大,也见证了“兼具工匠精神和艺术气质”“古老的描金彩绘技艺”“丰富多彩的漆器装饰图案”核心基因的重要意义。在当下，“工匠精神”强调了责任感和进取心，“扎实的品质”体现了优越的品质和执着的契约精神，“丰富多彩的漆器装饰图案”展现了高尚的艺术追求，三大文化基因契合时代精神和价值观念，具有创造性转化、创新性发展的前景。

三、核心基因保存

“兼具工匠精神和艺术气质”“古老的描金彩绘技艺”“丰富多彩的漆器装饰图案”作为平阳漆器的核心基因，《平阳漆器千年绝技复兴》《平阳漆器被四家日本艺术机构收藏》《平阳漆器制作技艺》等 4 项文字资料保存于平阳县文化基因解码调查组资料库。实物资料《玄坛元帅》《四大天王》《四面地藏王》《观音三十二应身》《三宝佛》《藏传文殊》等漆器工艺品保存于福建太姥山蝙蝠洞、武夷山、江苏南通南山寺等地。

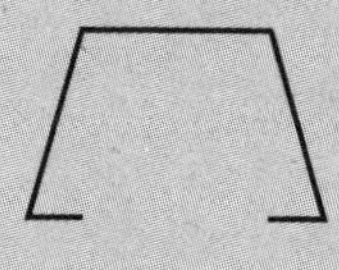

平阳蛋画

腾鳌拓海　平阳文化基因

平阳蛋画

蛋画

温州蛋画，又名画蛋，是从传统民俗活动中使用的喜蛋演变而来。蛋画的蛋壳质地细腻，不易渗水，画起来没有陶瓷那么光曝，没有宣纸那么渗水，画出来的蛋画光彩艳逸，熠熠灼灼，使人目眩。画蛋画时，以粉晕墨渍，点染成趣，图画结构严谨而奔放有致，色彩清秀而墨润笔透，笔、墨、色在水的作用中自然冲撞、自然渗化，在互破、互用、互动的作用下形成蛋画独有的特色。

在温州，蛋画一直在民间流传，常见于生育后“送喜蛋”，或端午绘蛋后撞蛋。虽有许多国外收藏家问询，但蛋画只有少数民间艺人于业余时制作，市场上很难一见。

直到 1968 年，平阳县为解决城镇就业以及扩大外贸问题，邀请了上海美术专科学校毕业的尤葆枢老师设计工艺美术品。尤葆枢本就是平阳昆阳人，其少年时便有绘画天赋，是著名画家吴昌硕教授的得意门生，在浙南中学和平阳中学任美术教员，擅长中国画和工艺美术设计。

尤老师多方学习，与众多民间艺人交流，历时三年，先是设计出了一幅用蛋壳捣碎染成各种色彩拼成的天鹅图，由黄芳老师送到省外贸公司。此前尤老师已有多种样品交予省外贸公司，但均未能入其眼帘。此番外贸公司负责人受蛋壳拼画的启发，告诉黄芳老师回去用蛋壳作画再送来看。因此尤葆枢老师精心设计，废寝忘食，夜以继日，设计好“六角架子立蛋”和“五角架子立蛋”各一，省外贸公司一见赞赏不已，即刻作为定点产品。产品大量销售欧美各国，他们认为鸭生蛋，蛋孵鸭很吉祥。尤老师的一笔一画形成了平阳画蛋的初样，一种新兴的画蛋美术工艺也就此诞生。

1971 年，尤葆枢老师邀来许多画师，在平阳创办画蛋厂，由此掀开了平阳集体创作画蛋工艺的帷幕。唐唯逸、林朝瑜、张德锦、鲍仲夫、叶镜昌等老师专画花鸟；王志彬、郑志远、余万池等老师专画山水；朱义昭、张尔炬、郑志金等老师专画人物；林敬钺老师专画走兽；尤文贵老师负责设计；苏渊雷教授任顾问。浙江省温州市平阳蛋画厂宣告成立。厂房设在平阳东门仙坛寺。因为大家精心细作，业务蒸蒸日上，而且大量出口，一时誉满全球。

1972 年，蛋画厂扩大规模，不但成立了庞大的画蛋车间，还面向社会招工，扩建了洗蛋车间、木工做架车间、玻璃车间、油漆车间、包装车间等。为追求产品质量，每位画师还负责教授绘画。既是工厂，又是美术专业学校，大家如兄弟姐妹一般欢聚一堂，其乐融融。

20 世纪 70 年代中期，“四人帮”推广革命样板戏，所有民间特色的蛋画都被取缔，只能画《白毛女》《红灯记》之类。这无疑又把以外贸为生的蛋画推入了绝境，所有画着《白毛女》《红灯记》的蛋画全部被退。而平阳蛋画设计优美、画工精细的美誉也跌下万丈深渊，画蛋厂连续几年停产，职工纷纷自谋出路，画蛋厂也只能靠制作人体模型和印画谱度日。

改革开放后，老画师们重整旗鼓，设计出了如立蛋、吊蛋、卧蛋、图案蛋、脸谱蛋等样品，五花八门。无奈之前元气大伤，业务总不景气，时有时无。直到 1992 年，奄奄一息的温州平阳画蛋厂终告破产，厂房卖与地方派出所，每位职工分到两千元遣散费，此后再无人重执画蛋事业。

2006 年 3 月，平阳县成立非物质文化遗产普查办公室，办公地点设在县文化馆，对温州蛋画等非遗项目展开全面普查。在普查中，获悉尤良楷、王蕴英夫妇还妥善收藏保存两架温州蛋画代表性作品：画师们集体创作的大型花鸟组合《孔雀开屏》（玻璃紫檀木框架，高 77 厘米、长 100 厘米、宽 50 厘米，内由 32 个花鸟蛋画组成），朱义昭老师创作的大型人物组合《大闹天宫》（玻璃紫檀木框架，高 85 厘米、长 55 厘米、宽 27 厘米，内由 30 个人物蛋画组成）。6 月，平阳县文化馆在平阳大厦广场开展包括温州蛋画等项目的非物质文化遗产展览。

2008 年 6 月，温州蛋画被列入平阳县非物质文化遗产名录，并在 2009 年被选为温州市第三批非物质文化遗产，蛋画工艺再度被摆到了群众艺术的殿堂中。

在平阳蛋画的发展历程中，涌现出了一大批优秀的蛋画工艺画师。除了尤葆枢老师，还有平阳画蛋厂的创始人、知名剧作家尤文贵。尤文贵早年擅长中国山水画，曾在平阳画蛋厂工作数年，创造了树脂堆蛋雕刻画，拓展了蛋画技艺和产品种类。他利用软橡皮木做模型，贴在蛋壳上成形，再堆上树脂，用修刀修成画坯，画上各种色彩，使画成为立体形，各种山水、花鸟、人物作品呈现得栩栩如生，令人叹为观止。

唐唯逸，浙江瑞安人，擅长中国花鸟画。1973 年初，唐唯逸受邀到昆阳镇工艺美术厂担任画师，担负着绘制蛋画亦给学生传授技艺的任务。唐唯逸坚持蛋画走“中国画"风格之路，经过坚持不懈的努力，最终获得成功，一度在 20 世纪 70 年代成为温州出口工艺美术品的重要品种之一。唐唯逸先生还在工艺美术厂晚上开办的学习班上担负向学生传授美术、诗词、文学、古文知识的任务，为平阳培养了一批文学艺术人才。

还有《大闹天宫》蛋画作者朱义昭、《天上人间共美好》蛋画作者王蕴英、《百鸟朝凤》蛋画作者叶立辉等一大批为温州蛋画工艺的传承与发展贡献力量的老艺术家们。

平阳蛋画曾在20世纪70年代遍及各县，蜚声中外。把本来要丢在垃圾箱里的蛋壳利用起来，绘上国画，画工精细、美轮美奂，装在玻璃架子里，既可供国人案头欣赏，又可出口国外，可谓是驰名中外，辉煌一时。弘扬传统文化，传承传统非遗，是时代的需要、人民的需要。当前，随着老一代传统蛋画工艺画师的老去、故去，这一小众的传统民间艺术更加需要传承与创新。

平阳蛋画，作为传统的非物质文化遗产，凝聚着劳动人民的聪明才智，体现出劳动人民在长期生产生活实践中的文化创造。平阳蛋画留存着平阳老一辈父老乡亲的共同记忆，展现着生活的乐趣、故乡的情怀，蕴含着鲜活的故事、时代的延续，是有闪光的文化碎片、有生命力的历史遗存。相信在新时代的青年一辈与政府的努力下，这一传统文化技艺一定会得到很好的创新与传承。

一、要素分解

（一）物质要素

1. 画蛋工具

蛋画的工具有笔、墨、砚、颜料、笔洗、调色碟、吸水布、垫手、刀片、砂纸、清漆等。

画蛋画选择笔越小越细越好，碗花笔是画蛋画最好的笔，它是以山兔毫制作，软硬适中，挺拔富有弹性，吸水性差，笔的藏水量不多。

作画的墨很有讲究，作画时要现磨墨，磨墨时用力要稳、匀，速度要慢些。磨好的墨汁可浓不可淡，浓了可以加水冲淡使用，磨淡了作画效果就不好。

砚台一般以不吸水、易下墨的砚台为佳。砚台的墨池要有一定的深度，并加有砚盖，以保持清洁。

颜料以中国画颜料和丙烯颜料为佳，中国画颜料能经久不变色，丙烯颜料可用水调，画后即干。为了使画面不被擦去，需加一层薄薄的清漆，保持画面永久。

笔洗即盛水、洗笔用的器皿，一般茶杯、大口玻璃瓶均可代替。调色碟以白色的碟子即可，颜色盘有现成的，或盖、酒盅之类的器皿也可代用。吸水布以旧毛巾、破布等吸水性强的即可。

因蛋壳立体、体积小，不能以悬腕来画，所以必须以一物体靠住手腕，这一物体被称为“垫手”。一般颜色盒、火柴盒、烟盒等均可，手腕能靠住即可。

刀片对画蛋很重要，若画不好，可用刀片轻轻刮掉重新画。砂纸一般用最细的零号水砂纸、木砂纸均可。

清漆起保护画面不被擦去的作用，需用汽油来稀释，然后薄薄地涂上一层，防止画面被擦掉。

2. 鸭蛋、鹅蛋等绘画材料

各种禽鸟类都能生蛋，蛋有大小、表面质地和色彩之别。鸭蛋大小适中，蛋壳质地细腻，容易打磨平。选白鸭蛋壳画画是最理想的，取材也方便。鹅蛋壳也很好，蛋壳大小也很适宜，鲜白的鹅蛋经过处理，也是很理想的蛋画材料。其他鸟类蛋，有的太小，有的表面有花纹和斑点，都不适合蛋画。

（二）精神要素

民众对幸福美好生活的向往

蛋画，源于我国古老的蛋俗文化。在民间，蛋画在各种传统节日与重要事件中作为赠品，表达美好的寓意。民间有生子“送喜蛋”的习俗，由得子人家把蛋煮熟后染成红色，或勾画剪贴上百岁、千岁的太平钿花纹送与亲友、邻里分享。在婚俗中，新人盖的被子四角，要装进筷子、枣子和被称为“喜神蛋”的四个彩绘鸡蛋。新娘赠送给客人的喜蛋，也必须是煮熟后经过彩绘的鸡蛋。另外，给产妇送的“添丁”蛋，必须是彩绘后的鸡蛋；给老人祝寿送的祝寿蛋，仍是有彩绘的鸡蛋。

（三）制度要素

1. 蛋壳处理方法

先选好外表洁白、外形优美的禽蛋，放在水里，加少许洗洁精用清洁球轻轻地擦洗好，再用自来水冲洗干净。

用做鞋师傅用的鞋钻，在蛋壳上轻轻钻一个孔，不能用力过猛。看蛋画需要，如果是吊蛋，在蛋尖头部分钻一个孔。立蛋，在蛋圆头处钻孔。卧蛋，在旁边钻一孔。孔径不宜太大，大约 2 毫米。用 20 毫升或 30 毫升的注射器，把空气压进蛋内，蛋清、蛋黄自然会流出来，这样连续几次后，摇摇蛋壳，里面没有荡感，说明蛋内蛋清、蛋黄已经流光了（注意：空气压进时要慢慢地压，切勿用力过猛，否则蛋壳就会爆炸而破裂），然后把清水再注射到蛋内，摇晃几下。再按前法，把空气压进去，使蛋内水都流完，反复几次，直到里面清洗干净。

最后，注射一点10%福尔马林（即甲醛），摇晃一下。福尔马林能起防腐杀菌和蛋白质凝固作用，防止发霉变质。然后，放在太阳下晒干，或放在烘箱内烘干待画。

2. **蛋画绘制手法**

蛋画绘画手法多样。画梅讲究色、香、神、韵，出枝要瘦削，点花要冷艳。分“圈梅”和“点梅”两种画法。蛋画圈梅，以中锋用笔，要有写势，有起、行、收之过程。圈花时用淡墨，须有仰偃疏密之分。蒂、须、蕊用浓墨，以体现墨色干、湿、浓、淡之变化。蛋画点梅，每片花瓣必须要有深浅之分，这深浅的效果是在调色时就笔尖色深，笔肚色浅，一笔下去即有浓淡深浅之分别，点出花形后，用暗红点出花托，又用暗红点出花蕊。枝干分新枝、老枝。新枝多用中锋，挺拔而富弹性；老枝以侧锋并用，给人以顿挫、曲折之感，苍劲而有骨力。在蛋上作画，多用干笔，因蛋吸水性差，干笔容易出现飞白的效果。

画兰，又称写兰或撇兰。叶分折叶、鼠尾叶、螳螂肚叶、逆笔叶等。兰折叶，中锋用笔，气要连贯，有飘动之势。画蛋时，一起笔，二行笔，三提行笔，四收笔。鼠尾叶，起笔较重，在行笔中逐步提笔，然后收笔，要有回锋之势。全叶从粗到细，类似鼠尾。螳螂肚叶，起笔轻，行笔按下，其形似螳螂肚，突然提笔用笔锋画出尖叶，此叶提按要有力，用笔有突然弹起之势。逆笔叶，多用推笔画出多种叶形，从右向左，用笔要飘逸娴熟。所有叶的技法应注意根部要抱紧，顶部要放开。但忌二叶平行，犯井字。

画竹贵在洒脱自然，画出风骨气概。写竹讲究“起、行、顿、提”，一气写出，达到笔意连贯之势。画笔用中锋，笔法遒劲，上下贯穿，墨色均匀。画全竿，下三节短，至中渐长，梢头又渐短。蛋画可用浓墨画竿，待墨色未干时用清水笔把中间墨吸掉，以显两边深、中间淡的立体感觉。叶分人字、个字、介字、分字等叠法。蛋画雨竹，当群叶画好后未干时，用清水笔吸去叶上的墨色，更显掩映交加。

画菊手法有“白描双钩”“双钩

填色”或“没骨点染”。笔含淡墨，笔锋蘸浓墨，点出花形。单笔起到深浅效果，点蕊讲究聚散得当。点叶，笔侧卧入画，笔含淡墨，锋蘸浓墨，运笔时，要有起、行、收之过程，一气画出，笔断则意连。勾筋时用浓墨，注意叶的正、反、卷、折变化。钩花头以淡墨为主，兼用浓墨，亦可等墨色干燥后，染上淡颜色，为双钩填色法。

另外还有山水画法。山水画法包括斧劈皴、云头皴、米点皴、折带皴、荷叶皴、披麻皴、解索皴等山水皴法等。

3. **蛋画装饰手法**

蛋画设计根据各地风格不同，手法各异。温州蛋画内容以国画风格闻名，故在装潢设计上突出精致高雅。有立蛋、吊蛋、斜蛋、卧蛋、串蛋之分。

立蛋分有脚、无脚两种。有脚立蛋，蛋孔在圆头，脚盘用木头或塑料做成形。用白胶（聚醋酸乙烯乳液）把蛋壳圆头部粘在脚盘上。外面再用透明架子罩住(玻璃或有机玻璃均可)，透明架子起到美观和保护的作用。

吊蛋，分单孔吊蛋和双孔吊蛋两种，单孔在蛋画的尖部，用丝线缠住短铅丝，将其塞进孔里后挂起来欣赏。圣诞节有人将吊蛋挂在圣诞树上以示吉祥。双孔吊蛋就是把两个吊蛋合并起来。

斜蛋，是将蛋壳腰部钻一孔，把蛋画斜粘在玻璃架子底座部，按内容确定蛋画个数的组合，如“四君子”可做成“四斜蛋”。

卧蛋与斜蛋只是角度不同，串蛋与吊蛋大致相同，串的形状可多种多样，不作固定。

壁挂蛋画，做一个玻璃镜框，将蛋画卧粘在底板上，配上文字、图章，使其成为一幅装饰画。

（四）语言和象征符号

1.**《大闹天宫》蛋画形象**

朱义昭老师创作的大型人物组合《大闹天宫》，外面玻璃紫檀木框架高 85 厘米、长 55 厘米、宽 27 厘米，内由 30 个人物蛋画组成，是温州蛋画的代表性作品之一。

2.**《孔雀开屏》蛋画形象**

大型花鸟组合《孔雀开屏》，外面玻璃紫檀木框架高 77 厘米、长 100 厘米、宽 50 厘米，内由 32 个花鸟蛋画组成是温州蛋画的代表性作品之一，现已被温州市非物质文化遗产馆收藏。

二、核心基因提取与评价

基于对材料的全面、深入分析，得出本文化元素的核心基因表述为："蛋画绘制手法""民众对幸福美好生活的向往""蛋画装饰手法"。

平阳蛋画核心文化基因评价依据

评价项目	评价因子	评价依据（特点）	是否
生命力评价	文化基因存续的时间	自出现起延续至今，未曾明显中断	
		自出现起延续至今，但多次衰微、中断后复兴	√
		曾明显衰败，改革开放后开始复兴或历史溯源关键环节缺失，难以考证	
		文化形态主体已灭失，现存部分痕迹	
	文化基因的稳定性	在发展过程中保持相当稳定的状态	√
		在发展过程中存在明显的精神内涵、表现形式剧变	
凝聚力评价	文化基因的凝聚力及社会动员效果	曾广泛凝聚起区域群体的力量，显著推动过社会经济文化的发展	√
		曾部分凝聚起区域群体力量，对社会经济文化的发展产生过影响	
		凝聚过力量，创造过实际的发展动能，但未见对社会经济文化发展产生显著改变	
		仅在历史文献或口耳相传中存在，未见实际介入社会经济发展	

续表

评价项目	评价因子	评价依据（特点）	是否
影响力评价	辐射的范围	具有全国性、世界性的影响力	√
		具有长三角区域、浙江省影响力	
		具有市县、乡镇影响力	
	提炼的高度	已经被古代文人士大夫和当代学者提炼为精神符号和理念理论	
		单纯的样式、造型、工艺技术规范	√
发展力评价	与当代精神追求和价值观念的契合	传统文化基因得到创造性转化、创新性发展；区域革命文化基因被完整继承、广泛弘扬；区域社会主义先进文化基因成为与浙江“三个地”相适应的文化高地	
		部分转化、部分弘扬、部分发展	√
		难以转化、难以弘扬、难以发展	
说明：基因特点评价是对解码出来的基因，根据本《导则》表 2 的要求，围绕“四个力”逐一对表打“√”，进行定性表述			

（一）生命力评价

平阳蛋画自出现起其发展经历一波三折、崎岖坎坷。曾经驰名中外、辉煌一时。后来，蛋画技艺几经中断，传承濒临灭绝，直到 2008 年被列为温州市非物质文化遗产，蛋画技艺的传承保护被逐渐重视起来。

（二）凝聚力评价

平阳蛋画的发展并非民俗需要，而是外贸要求。以尤葆枢为首的一批温州工艺画师，创新创作工艺美术厂的产品——蛋画，得到很好的反响，业务蒸蒸日上，而且大量出口，一时誉满全球。温州蛋画从此兴盛，成为温州知名的传统民间工艺。当时的平阳蛋画厂凝聚起了许多画师，解决了平阳城镇就业以及扩大外贸问题，促进了社会经济文化的发展。

（三）影响力评价

平阳蛋画曾在 20 世纪 70 年代遍及各县，蜚声中外。画匠把本来要丢在垃圾箱里的蛋壳利用起来，绘上国画，画工精细、美轮美奂。装在玻璃架子里，既可供国人案头欣赏，又可出口国外，可谓是驰名中外，誉满全球。

（四）发展力评价

“蛋画绘制手法”“民众对幸福美好生活的向往”“蛋画装饰手法”作为平阳蛋画发展的核心文化基因，得到传承与弘扬。温州市政府、平阳县政府通过蛋画走进校园、温州市非物质文化遗产展等措施，保护这一传统文化。但非遗保护仍然任重道远。蛋画艺术更加需要得到创造性、创新性的传承与弘扬。

三、核心基因保存

“蛋画绘制手法”“民众对幸福美好生活的向往”“蛋画装饰手法”作为平阳蛋画的核心基因，资料保存情况如下：文字资料有《平阳蛋画技法》《荆楚蛋俗与画蛋》《中国蛋俗文化浅论》《蛋俗探源》《古代的蛋俗文化》等 5 项保存在平阳文化基因解码调查组资料库；图片材料有《大闹天宫》《孔雀开屏》等 26 张保存在平阳文化基因解码调查组资料库。

平阳和剧

腾鳌拓海　平阳文化基因

平阳和剧

平阳和剧

和剧，俗称“和调”，是温州第二大剧种，来源可上溯至元代的“竹马戏”，以当地马灯调为基础，吸收昆山腔、弋阳高腔等演变而成。和剧流行于温州、台州、丽水及闽北一带，现保存大小剧目 330 种，其中 180 种唱徽调，是全国保存徽调最多的剧种。

在全国的戏曲百花园里，共有 370 多个地方戏曲剧种，平阳和剧名列其中。平阳和剧的诞生，根据《温州文化艺术史料》及《中国戏曲志》的记载：明末清初，平阳人林椿，又名阿桃，首先组班，名为“和合班”。演员大多来自平阳民间马灯班，以村坊小调和时调为主要曲调，始时只演些马灯班的小戏，如《大补缸》《瞎子捉奸》《走广东》《湘子度妻》《卖布》《荡河船》《小放牛》等。

后来，和剧不断吸收高腔、昆剧、乱弹等剧种的剧目和唱腔，在演出武打方面融入平阳民间拳术套路。随着不断充实和提高，和剧发展到 84 本大戏，并形成以徽调为主，兼唱乱弹、滩簧、时调的多声腔剧种，在戏曲竞争中站稳脚跟。

和剧作为地方戏曲剧种，在剧目、唱腔、表演形式等方面呈现平民化、生活化特点，具有浓郁的地方特色。和剧唱白均采用半南半北的地方方言，通俗易懂，诙谐幽默，亦戏曲亦小品，在旧时教育尚未普及、信息闭塞落后的岁月里迎合了观众的审美需求，体现了地方人文风情。

和剧俗中有雅，雅俗共赏，如《断桥》《双金印》《樊梨花》等剧目，唱腔优美，细腻含蓄，堪称和剧经典。1954 年，平阳和剧团排演了传统剧目《白蛇传》中的《断桥》，被省推荐参加华东区首届戏曲会演，青年演员陈美娟扮演剧中的白素贞（白蛇），一举夺得演出一等奖，引起全场轰动，还得到了京剧大师梅兰芳及昆剧大师俞振飞的关注和高度评价。梅先生对美娟的表演十分赞赏，谦虚地说："走得这样好的细步，我也不会走呢！"后周恩来总理观看了《断桥》演出，誉称《断桥》为"天下第一桥"。

民谚曰："平阳出戏子，梅溪多才俊。"南戏八百年，广大的农村百姓对戏剧尤其热衷。平阳梅里村的和剧团办团历史悠久，早在清光绪年间，就有陈开栋和王蜻蜓办的和合班；解放初期有沈尚绩、王景铭等创办的和调班。平阳县新民和剧团尤为典型，其前身为梅溪和剧团，始建于 1978 年 6 月，最早是以农村青年俱乐部的形式出现的，成员共 30 多人，大部分来自梅里、凤岙两村。剧团成立短短两个月，排演了《双合缘》《鸳鸯带》《金龙鞭》等六部传统戏，演出后深受观众欢迎，一度活跃于浙南闽北广大乡村舞台，成为香饽饽，先后为温州瓯剧团和平阳越剧团、木偶剧团输送了大批优秀戏曲人才。2009 年，平阳新民和剧团被温州市列为非物质文化遗产保护单位。2014 年，梅里村被评为浙江省传统戏曲特色村，剧团现有和剧传承人省级 1 名、市级 3 名、县级 6 名。

和剧，正如同空谷幽兰盛放。

一、要素分解

（一）物质要素

规模庞大、种类丰富的演奏乐器

和剧的伴奏乐器具有浓郁的民间戏曲特色，分管弦乐器和打击乐器。管弦乐器在和剧各种声腔中的运用各不相同，极为讲究。乱弹以笛子、板胡为主奏乐器，二胡辅助；徽调（皮簧）伴奏用徽胡（又名小京胡），不用笛子；滩簧伴奏用滩簧二胡（较一般二胡音色稍刚），唱腔伴奏不用笛子，但在演奏牌子时仍用笛子；时调伴奏用笛子、二胡。另外还有唢呐、琵琶、月琴和三弦等乐器，视场上需要时增时减。

和剧的打击乐器以锣鼓为主，是表现各种文武场面不可缺少的组成部分。现将打击乐器的类别、演奏人员的分派、锣鼓经的运用等项分述如下。

单皮鼓：造型与其他剧种的单皮鼓类同，司鼓者为乐队指挥，演奏时用双签击鼓点指挥全场。

板：又名“三粒”，因用三块檀木或红木制作而得名，由司鼓者兼司，演奏时以左手击板，右手执签。用于唱腔或演奏乐曲时击打重拍。

扁鼓：较单皮鼓小，扁平面，单面蒙皮，架在单皮鼓架上，由司鼓者兼司，用于乱弹中一般的流水、紧板及较轻快的乐曲。

抱月：长方形木梆，中间挖空，呈双层，发音较三粒板粗，架在单皮架上，由司鼓者兼司，其作用与板略同，但一般多用于情绪比较激越的场合。

大鼓：使用较多，由司鼓者兼司，用于气氛激烈或隆重的场合。

吊钗：架于大鼓上方，用于比较强烈的乐曲，一般多为散板的第一音，和大鼓同时发响，有时也作为风、雨、水声的音响效果。

特大锣：又叫“筛锣”，锣面直径为 1 米或 80 厘米等不同规格，发音低沉，余音长，用于威严或悲壮的气氛，如祭祀、拜印等场合。

脐锣：又叫“突锣”，锣面大小规格不一，锣中间有一小块奶头状突出，所以又叫“奶头锣”，多用于寺庙、宫廷音乐及其他特殊音响效果。

大锣：用于配合各种文武场面，文场所用大锣月面较大，武场所用大锣月面则较小，又叫武锣，由专人演奏。

铙钹：与京钹规格同，多用于武场。

大钹：钹面较铙钹大而薄，约 40 厘米左右，多用于文戏和唱腔。

小钹：钹面较铙钹小，用于各种文场或配合武戏中的动作。

小月锣：锣面小，平面，演奏时用中指、无名指、小指和手掌控制发音，用于吹打牌子及轻快的乐曲。

碰铃：又叫“猩子”，用于抒情的慢板。

汤锣：较小锣稍大，锣面扁平，用于吹打部分及《狄江赶船》中老船公的唱腔部分等。

（二）精神要素

兼收并蓄，博采众长的发展理念

平阳和剧最初于明嘉靖年间由平阳人林椿组班，名为“和合班”，演员大都来自民间马灯班，以村坊小调和时调为主要曲调，演出节目有《补缸》《卖布》《走广东》《昭君出塞》《湘子度妻》《荡河船》《划旱船》等 18 出小戏。后来不断吸收高腔、昆曲、乱弹等剧种剧目和唱腔，使和剧艺术不断得到充实和完善。清道光年间，由于各种戏曲相继发展，和剧曾一度衰落，艺人星散于各地落班谋生，民间流传着“高腔昆曲乱弹，和调讨饭”的民谚。到了清光绪年间，平阳新陡门村创办和剧学员科班，请来徽州艺人徐小山、马四川前来执教，弃高腔、昆曲，习皮簧，并吸收乱弹部分剧目和曲牌，逐步形成以徽调为主，兼唱乱弹、滩簧、时调等多声腔的剧种，接着和剧班社纷纷成立，先有“老连昌”“新连昌”“老聚昌”，继之有“新新连昌”“合记连昌”“老锦昌”“新锦昌”等十多个和剧班社。到了民国初期又增了“红舞台”“鸣舞台”“老大顺”“新大顺”等，和剧盛极一时。纵观和剧发展历史，它不断吸收借鉴其他剧种、音乐的表现形式，充实完善并形成自身特点，体现了兼收并蓄、博采众长的发展理念。

（三）制度要素

1. 贴近民众的艺术创作原则

和剧以编演民间故事为主，是一种源于民众、贴近民众的戏剧艺术。这一特征在其剧目的创作编排上有突出表现，如《黄三袅与林定郎》《洗马桥》《节孝文》《陈十四娘娘》《双狮图》《白蛇传》《浪子踢球》《珍珠塔》《刁刘氏》《二度梅》等，都是来自民间传说或民间生活。和剧艺人称，能上演上述与民间生活息息相关的剧目才算是和调班。和剧在新中国建立之前演出剧目大部分为提纲戏路头戏，很少有完整的剧本戏。为了抢救和剧传统剧目，在20世纪60年代初，温州地区文化局组织老艺人在温州艺人之家，共记录下300多个传统剧目。20世纪80年代末，又挖掘记录了传统曲牌300多个。

2. 粗细兼具、文武兼长的戏剧风格

和剧表演艺术粗犷豪放，兼具细腻含蓄、文武兼长的风格。和剧的武戏，常融平阳民间武术于其中，以二人徒手或持械对打见长。武将出场，以迅速后退一步并亮一高架子来突出人物，与其他剧种站定后前跨一步的表现不同。又如其他剧种一招一式都讲究圆，动作呈连续变化的曲线，而和剧却往往圆中带直，曲线中出现折线和直线来显示动作的力量和感情的强烈，讲究武戏文做、文戏武做。如《双金印》中的巡按被恶霸王成明投入“水牢”，遇丁氏相救，二人凭借着一条根本不存在的绳上拉与下攀，把水牢中青苔丛生、滑攀艰难等情节，通过大跌大落、大歌大舞表现得淋漓尽致。而同一个戏中，张美英“窥窗思兄”，觑、瞄、瞟、视、瞧等一系列细致入微的眼神表演，和虚拟拉窗帘中欲拉又止、欲罢不能，将少女内心世界的含蓄复杂心理状态

表演得惟妙惟肖。

（四）语言和象征符号

1. 独特的“蛇步”步法

蛇步是和剧特有的步法和身段。表演者双手各执彩裙一角，向左右上方举起，上身挺直，两腿靠拢，蹶臀收腹，双膝略屈，脚跟与脚掌分先后着地，碎步向前行走。行进时，必须左右斜走成“之”字形曲线前进，同时身子高低起伏，高时踮脚，膝仍微屈，低时微蹲，身仍挺直，全身亦作“之”字形左右扭动，有如蛇身。蛇步的要领是三“曲”：步法“之”字形左右曲线进行，两腿“之”字形上下曲线起伏，身子“之”字形左右曲线扭动。《断桥》表演中演员用此技。蛇步有时亦可横着走，有时可加小跳步，以示游动时的猛劲。如《断桥》中小青追许仙时，突然小跳步，身子先半蹲，迅即全身由低到高扭动，至踮脚伸颈，脖子急速左右扭动，酷似眼镜蛇前半身突然竖起，寻找进攻目标。此技为和剧陈美娟、陈娟弟最擅长。

2. 以地方武术、语言为剧种特色

平阳和剧有其独有的表演特色，具有粗犷自然的美感，其武戏模仿平阳民间流行的拳术，以徒手对打居多。其道白与唱词均用瓯语，俗称“温州官话”，丑角几乎全部讲本地方言，俗称“土话”，语言生动诙谐，深受普通市民欢迎。

3. 丰富的声腔和音乐表现形式

和剧声腔，含徽调（皮簧）、乱弹、滩簧和时调，以徽调和滩簧为主。各种声腔音乐在具体剧目上的表现形式各具千秋。

徽调（皮簧）是和剧的主要腔调，分西皮和二簧两类。西皮激越奔放，长于表现欢悦、奔放、激昂的情绪，有正西皮、反西皮之分。正西皮有原板、摇板、流水、导板、哭板、慢垛子、紧垛子等板式。反西皮只有原板和摇板两种板式，在和剧中使用较少。二簧分正二簧和反二簧两种。正二簧（艺人直接称之为二簧），科胡伴奏，板式变化较多，有原板、导板、摇板、回龙、哭板和散板等，唱调醇和，感情色彩深沉凝重。

滩簧是和剧的主要唱调之一，多用来表现生活小戏，伴奏乐器以二胡为主，配以三弦、扬琴、琵琶、月琴等。滩簧的唱调有原板、中板、流水、紧板、索调、尾声、美人调、慢板、

叠板等形式，部分唱调有男女宫调之分。滩簧的文体一般以七言、十言两种句式为唱词的基本，并以七言句式为广用，以上、下句为一个结构单位。一韵段剧辞可长可短，短可一、二韵，长则数十韵。

滩簧的乐体，以原板、紧板为基本调，基本调是组连成段的主干唱调，是完整、稳定的唱调，可独立成段。另有一些辅助唱调和其他腔句，可自由组合。美人调是和剧滩簧中极为优美而独特的唱调，剧辞中连续叠句，并以旋律的重复完成叠唱。

和剧所唱之乱弹，与瓯剧一样同为温州乱弹腔。和剧用于演唱的乱弹唱调，根据主要乐器的散声、定弦、调高的不同，分为正乱弹与反乱弹两类。正乱弹以正原板、二汉两个互补的主干唱调与辅助唱调和腔调组连成套，为“双唱调板套”体。正原板、二汉及辅助唱调流水、紧板共四种，均具有可无限反复的、以双句为基本单位的完整的结构，在配唱剧本唱词时，每一种唱调均可单独配唱辞段。

和剧中旧有一类声腔，称为“时调”，典型代表有《打花鼓》《浪子踢球》《走广东》《荡湖船》《卖花线》《小放牛》等。今时调戏极少单独演出，其唱调大多数用作插曲。

二、核心基因提取与评价

基于对材料的全面、深入分析，得出本文化元素的核心基因表述为："兼收并蓄、博采众长的发展理念""'贴近民众'的艺术创作原则""粗细兼具、文武兼长的戏剧风格"。

平阳和剧核心文化基因评价依据

评价项目	评价因子	评价依据（特点）	是否
生命力评价	文化基因存续的时间	自出现起延续至今，未曾明显中断	
		自出现起延续至今，但多次衰微、中断后复兴	√
		曾明显衰败，改革开放后开始复兴或历史溯源关键环节缺失，难以考证	
		文化形态主体已灭失，现存部分痕迹	
	文化基因的稳定性	在发展过程中保持相当稳定的状态	√
		在发展过程中存在明显的精神内涵、表现形式剧变	
凝聚力评价	文化基因的凝聚力及社会动员效果	曾广泛凝聚起区域群体的力量，显著推动过社会经济文化的发展	
		曾部分凝聚起区域群体力量，对社会经济文化的发展产生过影响	√
		凝聚过力量，创造过实际的发展动能，但未见对社会经济文化发展产生显著改变	
		仅在历史文献或口耳相传中存在，未见实际介入社会经济发展	

续表

评价项目	评价因子	评价依据（特点）	是否
影响力评价	辐射的范围	具有全国性、世界性的影响力	
		具有长三角区域、浙江省影响力	
		具有市县、乡镇影响力	√
	提炼的高度	已经被古代文人士大夫和当代学者提炼为精神符号和理念理论	√
		单纯的样式、造型、工艺技术规范	
发展力评价	与当代精神追求和价值观念的契合	传统文化基因得到创造性转化、创新性发展；区域革命文化基因被完整继承、广泛弘扬；区域社会主义先进文化基因成为与浙江“三个地”相适应的文化高地	√
		部分转化、部分弘扬、部分发展	
		难以转化、难以弘扬、难以发展	
说明：基因特点评价是对解码出来的基因，根据本《导则》表 2 的要求，围绕“四个力”逐一对表打“√”，进行定性表述			

（一）生命力评价

平阳和剧起源于明末清初平阳人林椿组建的“和合班”。后来，和剧不断吸收高腔、昆剧、乱弹等剧种的剧目、唱腔和平阳民间拳术套路，使和剧的艺术得到不断充实和提高。经过漫长时间的实践和创新，现如今已有 84 本大戏，并形成以徽调为主，兼唱乱弹、滩簧、时调的多声腔剧种。1954 年，平阳和剧团陈美娟夺得华东区首届戏曲会演一等奖，和剧达到鼎盛，得到了京剧大师梅兰芳及昆剧大师俞振飞的关注和高度评价。虽然和剧也曾几度没落，然平阳人热爱家乡的戏曲，和剧艺人始终坚守着和剧传承。目前，平阳县的民间剧团从未停止学戏、收集传统剧本、恢复排练、组织演出，即使是在和剧发展最困难的时期，也一直保持着每年组织演员进行演出。

（二）凝聚力评价

20 世纪 50 年代，平阳县内的和剧团是平阳地方戏剧文化的重要传承者，看戏也成为当地社会重要的娱乐休闲活动。因此，“兼收并蓄、博采众长的发展理念”“‘贴近民众’的艺术创作原则”“粗细兼具、文武兼长的戏剧风格”三大核心基因曾广泛凝聚起区域群体的力量，显著推动过社会经济文化的发展。

（三）影响力评价

1954 年，陈美娟于《断桥》中扮演的白素贞得到了京剧大师梅兰芳及昆剧大师俞振飞的关注和高度评价，周恩来总理也誉称戏剧《断桥》为“天下第一桥”。目前和剧的核心基因“兼收并蓄、博采众长的发展理念”“‘贴近民众’的艺术创作原则”“粗细兼具、文武兼长的戏剧风格”尚具有市县、乡镇影响力。

（四）发展力评价

2008 年，时值剧团 30 周年团庆之际，剧团老艺人发出抢救和剧的声音。2009 年，平阳新民和剧团被温州市列为非物质文化遗产保护单位。2014 年，梅里村被评为浙江省传统戏曲特色村。剧团现有和剧传承人省级 1 名、市级 3 名、县级 6 名。

三、核心基因保存

“兼收并蓄、博采众长的发展理念”“‘贴近民众’的艺术创作原则”“粗细兼具、文武兼长的戏剧风格”作为平阳和剧的核心基因，《陈美娟与和剧》《老剧作家金松与平阳和剧的情结》《瑞安高腔及平阳和调考略》等 7 项文字资料保存于平阳县文化基因解码调查组资料库，另外，出版物和古文古籍有《中国戏曲音乐集成·浙江卷》《中国戏剧志·浙江卷》《平阳戏剧古今谈》《温州文化艺术史料》《中国戏曲志》等。实物资料有平阳和剧道具、乐器等，存放于平阳县梅里村。

“浙江文化基因丛书”后记

浙江濒海多山，古为百越之地，地少民贫。先民断发文身，披荆斩棘，筚路蓝缕，艰苦创业，卧薪尝胆，徐图自强，始稍为中原所识。山海情怀，越地长歌，独特的地理人文环境孕育出浙江艰苦奋斗、励精图治、百折不挠、勇攀高峰的地域文化性格和兼容并包、发展创新的人文精神。因以鸟虫篆、《越人歌》为表征的楚越文化交融和徐偃王流亡越地、勾践北上争霸等历史事件的发生，越地逐渐融入中原文明。及至东晋衣冠南渡，中原贤良缙绅避乱会稽，兰亭雅集、永嘉诗会，王谢风流所及，中原文化和越文化相互碰撞融合，这片神奇的土地在吸收大量中原先进文化基础上，生发出更多独具特色、丰富璀璨的文化颗粒，散点分布于浙江的山山水水之间。

隋唐以降，一条大运河通到钱塘，凡所流经之县域，皆成人文渊薮。浙东唐诗之路，如明珠嵌璧；越窑青瓷，千峰翠色风靡长安。浙江依托这条水上“高速公路”迅速崛起，在经济高效快速地融于全国的同时，也向全国展现了别样精彩的浙江文化，对中原产生巨大影响。唐末五代中原战乱之际，吴越国钱王保境安民，举世惶惶而越地独安，浙江又一次成为全国士子避祸传学之地，浙江的原生文化和中原文化水乳交融，极大地提高了浙江的人文学术水平。及至南宋定都临安（今浙江杭州），孔裔迁衢，杭州乃至浙江逐渐成为中华文化传承发展中心、全国的文化学术高地。有元一代，人文日渐凋敝，而浙江独领风骚。湖州赵孟頫成为有元一代赓续中华文脉之砥柱。赫赫有名的“元四家”，黄公望（常熟人，曾隐居富春）、王蒙（湖州人，曾隐居临平）、吴镇（嘉兴人，曾卖卜钱塘）、倪瓒（无锡人，曾浪迹太湖）在学习传承赵孟頫的文化艺术精髓基础上，各显其能，自成面目，为传承发展中华文化艺术作出了卓越贡献。明清以来，浙江士林，更为全国翘楚，文化勃兴，领袖群伦。浙江文脉渊深，有容乃大，继承发展，才俊迭起。事功之学、阳明心学、浙东学派、南戏越剧、《古文观止》、丝瓷茶剑、西泠印社、兰亭雅集等，更是中华文化中耀眼的明珠。浙东音声，渐如潮涌；黄钟大吕，照灼云霞。

晚清时期，中华危亡。辛亥鼎革，浙江文化所孕育的优秀儿女更是为中华千古未有之变局作出了重要贡献，秋瑾、徐锡麟、蔡元培、章太炎、鲁迅等，允文允武，可歌可泣，数不胜数。为全面赶上世界发展，全省各地掀起了重视文教事业、培养人才、发展经济的高潮。各类藏书楼、图书馆、新式院校纷纷创设，浙江人又一次发扬卧薪尝胆、奋力赶超的浙江精神，使浙江成为当时全国省域文化发达、人才众多的省份。

新中国成立后，浙江人励精图治，无论干部还是群众，都本着务实精神，立足现状，踔厉前行。即便在“文革”时期，浙江的经济、文化发展水平都显著好于其他兄弟省市，这和浙江人文内核的务实精神和文化基因的原生动力息息相关。改革开放以来，浙江更是勇做弄潮儿，充分发挥“四千精神”，培养人才，发展经济，以全国陆域较少、自然资源缺乏的省份，一举成为名列前茅的文化大省、经济强省。

历数千年，浙江以落后的山林草野原生文化，不断与吴楚和中原文化交融互鉴，融合创新，发展壮大，绝非历史偶然。浙江以其独特的文化基因和历史面貌正引起国内外专家学者的广泛兴趣，以期通过对浙江文化的研究来更好地理解中华文明，为中华文明的伟大复兴寻径探源，通过解析全省多点、散点分布的各类文化颗粒和文化价值观、文化形态、文化载体，系统研究、条分缕析在地文化基因和独特的文化原动力。构建中国文化基因理念体系，挖掘文化遗产背后蕴含的哲学思想、人文精神、价值观念、道德规范，是一项新课题、新任务。浙江在推动高水平文旅融合、建设共同富裕示范区的进程中，以解码文化基因为切入点，为构建中国文化基因理念体系提供地方经验。

研究浙江文化基因，就是对披着传统文化外衣的各类庸俗低俗的迷信活动加以甄别，科学分析，正本清源。以挖掘、激活浙江的优秀文化基因为抓手，推进文旅深度融合；有机整合乡村文化礼堂、农家书屋、场馆院团、城市书房等城乡文化资源，丰富群众文化活动。拓展新型公共文化空间，持续推动优质文化资源直达基层。为人民群众创造一个良好的文化大环境，强化文化自觉和文化自信；为浙江文化高质量传承发展厘清路径，为新时代浙江发展优秀的社会主义先进文化打好基础。文化兴则国运兴，文化强则民族强。文化基因的研究以及激活应用是浙江建设文化强省的重要切入点，是民智之本、百年大计。

我们要深入学习贯彻党的二十大精神和习近平文化思想，全面挖掘和激活浙江文化基因，推动新时代中国特色社会主义文化建设。以高质量发展为目标、融合发展为重点，紧扣激活优秀文化基因、提供优秀文化产品这个中心，厚植浙江经济社会发展文化软实力。

2024 年 1 月，全省宣传思想文化工作会议提出，要全面贯彻习近平文化思想。浙江作为文化大省，肩负起新时代文化使命，在优秀传统文化的传承发展领域开展了积极的探索。我们要不断学习贯彻习近平总书记关于中华优秀传统文化的重要论述和关于文明交流互鉴的重要论述，让文化基因的研究成果走入校园、走进课堂，成为鲜活的爱国主义教育载体、生动的“课程思政”教育实践、开放的当代青少年国际视野素养培育抓手。将浙江文化基因研究成果制作成微视频“浙江文化基因”课程（双语），通过教育信息技术实现从碎片到整体、从实地到课堂、从单一到系列的 MOOC/SPOC 转换，实现浙江文化基因在青少年群体中的代际传递，助力文化基因融入当代、植根青年，实践出一条富有浙江特色的文化传承发展新路径，为中国“培养社会主义建设者和接班人”这一宏伟目标服务。

若有所成皆非易，凝心聚力要躬行。各地课题组在当地乡土专家和各地高校文史专家的鼎力协助下，进深山到大海，调研足迹遍布海澨山陬。通过田野调查、走访座谈、查阅历史卷宗、参考海量文献，历时五年形成的研究成果，凝聚了全省各地众多专家学者和乡土文化耆老的心血，他们为浙江的文化事业作出了很大贡献。致敬他们文化溯源的热忱，学习他们极深研几的精神，真诚感谢他们无私奉献的情怀。由于篇幅有限，涉及面广，无法一一详列参与者，在此一并致谢！

吴　越

甲辰年秋于杭州